세계를 바꾸는
착한 특허 이야기

세계를 바꾸는 착한 특허 이야기

글 김연희 | 그림 성영택·송영훈 | 교과과정 자문 한태현

북멘토

글쓴이의 말

 이 책을 읽기 전에 특허가 무엇인지 먼저 알아볼까요? 특허란 어떤 기술을 발명한 사람의 권리가 침해받지 않도록 일정 기간 동안 국가에서 인정해 주는 제도예요. 특허를 받기 위해서는 까다로운 검증 과정을 거쳐야 하지요. 발명자는 우선 자신의 발명이 지금껏 없었던 새로운 기술이라는 것을 증명해야 해요. 실제로 만들어 낼 수 있는 기술인지도 보여 줘야 하지요.

 국가에서는 발명자의 말이 사실인지 아닌지를 직접 확인하고 조사해요. 오랜 시간 동안 여러 검증 과정을 거쳐 문제가 없어야 비로소 특허가 인정이 돼요. 그만큼 내기도 어렵고 받기도 어려운 것이 특허랍니다.

 일단 특허를 받으면 일정 기간 동안 자신의 발명으로 돈을 벌 수 있는 권리를 보장받아요. 우리나라에서는 그 기간이 20

년이에요. 만약 특허 받은 기술을 사용하고 싶은 사람이 있다면 꼭 비용을 지불해야 해요. 혹시 남몰래 사용하다가 들키면 특허법으로 처벌을 받게 되지요.

그렇다면 특허를 엄격하게 보호하는 이유는 무엇일까요? 하나의 발명이 이루어지기까지는 많은 시간과 노력이 들고, 또 실험하는 과정에서 큰돈이 들어요. 그래서 특허권을 보호하여 보상받을 수 있도록 하는 거예요.

국가에서 발명자에 대한 권리를 보장하는 이유는 또 있어요. 새로운 발명이 일자리를 만들고 산업을 발전시키기 때문이에요. 다양한 문화를 만들어 내기 때문에 활기찬 사회 만드는 데도 기여를 하지요.

그런데 이 책에서 소개하는 사람들은 특이하게도 특허를 포기한 과학자들이에요. 그들은 자신들이 특허를 포기함으로써 가난하고 소외된 사람들도 그 혜택을 받았으면 했어요. 재산과 사회적 위치와는 상관없이 전 세계의 사람들이 혜택을 누리기를 바랐던 것이지요.

우리는 그런 과학자들 덕분에 소아마비 예방 접종을 무료로 받고, 전기를 값싸게 이용하게 되었어요. 또, 누구나 쉽게 인터넷을 이용하게 되었고, 아두이노로 재미있는 것을 마음껏 만들어 볼 수도 있어요.

 사실 특허를 받아 돈을 버는 것은 좋은 일이에요. 발명자 개인에게도 이익이고, 국가를 위해서도 긍정적인 일이지요. 더 나아가 인류의 생활을 편리하고 풍요롭게 만드는 데도 특허는 많은 기여를 해 왔어요.

 그렇지만 특허를 포기하는 일은 훨씬 더 훌륭한 일이에요. 큰돈을 벌 수 있는 권리를 포기함으로써 많은 사람들과 이익을 함께 나누고 행복한 사회로 나아갈 수 있으니까요. 이 책에서 특허받지 않은 특허를 '착한 특허'라고 이름 붙이는 이유가 여기에 있어요. 그러면 이제 모두의 행복을 위해 특허를 포기한 사람들의 이야기 속으로 들어가 볼까요?

김연희

차례

글쓴이의 말 4

죽은 바이러스로 병을 예방하다

소아마비 백신을 만든 조너스 소크 10

좀 더 알아볼까요? 24

1. 항원, 항체, 백신은 무엇일까? | 2. 바이러스, 세균, 곰팡이는 어떤 차이가 있을까?
3. 최초의 백신을 만든 에드워드 제너

벼락을 맞아도 멀쩡한 피뢰침

피뢰침을 발명한 벤저민 프랭클린 28

좀 더 알아볼까요? 43

1. 번개와 벼락은 왜 생길까? | 2. 패러데이의 새장 효과

정보의 바다로 초대합니다

월드 와이드 웹을 개발한 팀 버너스리 46

좀 더 알아볼까요? 60

1. 인터넷의 시초, 아르파넷
2. IP 주소와 도메인 네임은 무엇일까?

몸속을 보여 주는 미지의 빛

엑스선을 발견한 빌헬름 뢴트겐 62

좀 더 알아볼까요? 77

1. 물질을 통과하는 엑스선 | 2. 엑스선은 어디에서 사용할까? | 3. 〈모나리자〉의 비밀을 풀다!

단 한 명의 생명이라도 더 구할 수 있다면

안전벨트를 만든 볼보와 닐스 볼린 80

좀 더 알아볼까요? 94

1. 관성의 법칙을 이용한 안전벨트 | 2. 안전벨트의 역사 | 3. 자동차의 또 다른 안전장치

해커의 정신으로 무료로 공개합니다

리눅스 운영 체제를 개발한 리누스 토르발스 98

좀 더 알아볼까요? 112

1. 소프트웨어의 소스 공개에 대한 서로 다른 주장 | 2. 오픈 소스는 무엇일까?
3. 안드로이드를 개발한 앤디 루빈

세균 감염을 막는 최초의 항생제

페니실린을 약으로 개발한 하워드 플로리와 언스트 체인 116

좀 더 알아볼까요? 132

1. 페니실린은 어떤 역할을 할까? | 2. 페니실린을 발견한 플레밍
3. 세균 감염으로 죽어 간 군인들

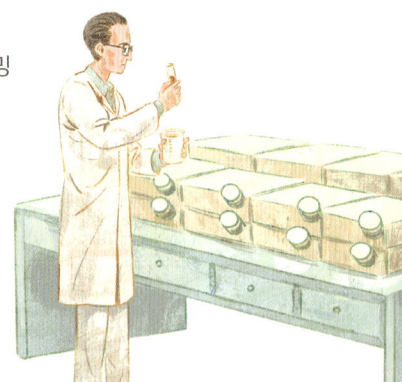

외딴섬과 두메산골까지 전등을 밝히다

교류 전기를 개발한 니콜라 테슬라 136

좀 더 알아볼까요? 152

1. 직류와 교류는 무엇일까? | 2. 직류 전기와 교류 전기의 대결
3. 전기 자동차를 대표하는 테슬라 모터스

방사능 물질로 암 치료의 길을 열다

라듐을 발견한 마리 퀴리 156

좀 더 알아볼까요? 169

1. 방사선이란 무엇일까? | 2. 방사선은 어디에 활용할까?

드론도 로봇도 내 손으로 만들 수 있어!

아두이노를 개발한 마시모 반지 172

좀 더 알아볼까요? 185

1. 아두이노는 무엇일까? | 2. 창작물 사용 조건을 나타내는 크리에이티브 커먼즈 라이선스

죽은 바이러스로 병을 예방하다

소아마비 백신을 만든 조너스 소크

★ 초등 교과 연계

과학 5-1 5. 다양한 생물과 우리 생활
과학 5-2 2. 생물과 환경

소아마비, 대체 원인이 뭐야?

"에딘, 그걸 말이라고 해? 사과해!"

1916년 뉴욕의 한 초등학교 교실에서 두 친구가 싸우고 있었어요. 이미 한 친구 얼굴에서는 코피가 흐르고 있었고, 다른 친구의 입술도 터져서 피가 나고 있었지요.

그때 '드르륵' 소리와 함께 교실 문이 열리더니 선생님이 들어왔어요. 선생님은 피가 나는 친구들을 보더니 눈이 커지면서 말했어요.

"모두 제자리에 앉아라! 그리고 콜린과 에딘은 왜 싸웠는지 말해 봐."

콜린은 억울한 표정으로 대답했어요.

"에딘이 소아마비 바이러스를 남유럽이나 동유럽 이민자들이 퍼뜨리는 거라고 우기잖아요."

에딘도 지지 않고 말했어요.

"선생님, 제 말이 맞잖아요! 저희 엄마가 그러는데, 엄마 어렸을 때는 소아마비가 흔치 않은 병이었대요."

선생님은 두 사람의 말을 듣더니 이야기했어요.

"이민자들이 퍼뜨린다는 근거는 없어. 그러니까 에딘은 콜린에게 사과하고, 둘이 화해해."

에딘은 할 수 없이 콜린에게 사과하고 자리로 돌아가 앉았어요. 선생님 때문에 화해했지만, 마음에서 우러난 사과는 아니었어요.

"선생님, 그러면 소아마비 원인은 뭐예요?"

"아직 밝혀진 게 없단다."

"그러면 이민자들이 퍼뜨린다는 소문이 틀렸다는 증거도 없는 거잖아요?"

"그렇긴 하지. 하지만 에딘, 콜린과 입장을 바꿔서 생각해 봐.

근거도 확실치 않은 이야기로 비난받으면 네 기분은 어떻겠어?"

에딘은 선생님 말씀에 고개를 끄덕이며 더는 묻지 않았어요.

당시에는 에딘처럼 생각하는 사람들이 많았어요. 원인도 모르고 치료 방법도 없었기 때문에 소아마비 환자가 발생하면 어른들은 아이들을 학교에 보내지 않기도 했어요. 밖에 나가서 노는 것도 막았어요. 심지어 감염된 공기가 방에 들어오지 못하도록 창문을 판자로 막고 아이들을 방에 가두는 일도 있었어요. 소아마비 환자가 다른 환자들에게 병을 옮길까 봐 받아 주지 않는 병원도 있었지요.

국가에서도 소아마비 환자가 늘어나지 않도록 노력했어요. 운동장을 사용하지 못하도록 하고 운동장 모래 더미를 소독하기도 했어요. 어린이 전용 공간도 문을 닫게 했어요. 하지만 그 어떤 방법도 통하지 않았어요.

치료법을 찾지 못하니까 이상한 소문이 나기 시작했어요. 당시 뉴욕으로 이민 온 남유럽이나 동유럽 사람들이 병을 옮기는 거라는 내용이었지요. 그들 대부분이 가난하고 위생적이지도 않다고 생각했기 때문에 이런 소문이 퍼진 거예요.

살아 있는 바이러스냐, 죽은 바이러스냐

1940년대 미국과 영국에서 소아마비로 많은 사람들이 고통을 받자, 이곳저곳에서 연구를 시작했어요. 조너스 소크 박사도 그중 한 명이었어요. 그러나 소아마비 백신 개발은 쉽지 않았어요. 사람에게 바이러스를 주사했을 때 위험하지 않으면서 항체를 형성할 수 있는 양이 어느 정도인지 알지 못했으니까요. 그래도 소크 박사는 포기하지 않고 연구했어요. 엉덩이가 짓무를 정도로 오랫동안 앉아서 실험을 하고 또 했어요.

그러던 어느 날, 어렵게 구한 소아마비 바이러스가 모두 죽어 버리는 사고가 발생했어요. 현미경으로 바이러스를 관찰하던 보조 연구원이 이 소식을 소크 박사에게 전했어요. 그런데 소크 박사는 오히려 빙그레 웃는 게 아니겠어요?

"바이러스를 약화시켜도, 그게 살아 있는 바이러스라면 위험할 수 있어. 특히 몸이 약한 어린이는 백신 때문에 오히려 소아마비에 걸릴 수도 있지. 그래서 이제부터는 죽은 바이러스로 백신 연구를 해 볼 참이라네."

보조 연구원은 깜짝 놀랐어요. 백신 연구자들 대부분은 살아 있는 바이러스로 연구를 하고 있었거든요.

소크 박사는 자신의 생각을 굽히지 않고 죽은 바이러스로 연구를 해 나갔어요. 그러나 죽은 바이러스로 하는 백신 연구가 실패할 때마다 자신의 연구 방법이 옳은지 의심을 해야 했어요.

다른 과학자들이 비난할 때는 자신의 생각이 틀렸을지도 모른다는 생각에 여러 번 흔들렸지요.

특히 당시 소크 박사의 경쟁자이자 살아 있는 바이러스로 소아마비 백신을 연구하던 세이빈 박사는 소크 박사를 아예 공개적으로 비난했어요. 세이빈 박사 외에도 소크 박사를 곱지 않은 시선으로 본 연구자들이 많았지요.

하지만 소크 박사는 죽은 바이러스로 백신 만드는 연구를 멈추지 않았고, 마침내 소마아비 백신을 만들었어요. 소크 박사는 이 백신을 하루빨리 어린이들에게 맞히고 싶어서 소아마비 재단과 정부에 연구의 성공을 알렸어요. 하지만 정부에서는 먼저 백신이 안전한지 증명하라고 요구했어요.

소크 박사는 원숭이에게 백신을 주사하고, 그 결과를 보여 주기로 했어요. 그런데 백신을 맞은 여섯 마리 원숭이가 모두 소아마비에 걸리고 말았어요. 소크 박사는 세상이 무너지는 기분이 들었어요. 분명 자신이 맞았을 때는 아무 일도 일어나지 않았고, 피를 뽑아 검사했을 때 항체도 있었거든요.

'죽은 바이러스로는 정말 안 되는 건가?'

좌절한 소크 박사는 수염이 가득한 얼굴로 멍하니 소아마비에 걸린 원숭이만 바라봤어요. 밥도 제대로 먹지 못하고 잠도 잘 수 없었어요.

실험실에서 꼼짝도 하지 않는 소크 박사에게 보조 연구원이 말했어요.

"박사님, 소아마비 증상을 진단하는 데 세계 최고인 데이비드 보디안 박사에게 확인해 보면 어떨까요?"

소크 박사는 데이비드 보디안 박사에게 도움을 요청했어요. 데이비드 보디안 박사는 소크 박사의 백신을 맞은 원숭이를 직접 보고 이렇게 진단했어요.

"네 마리는 소아마비가 아닌 것이 확실합니다. 하지만 두 마리는 정확히 모르겠군요."

소크 박사는 안도했어요. 완벽한 성공은 아니지만 자신의 방법이 틀리지 않았다는 것을 확인했으니까요. 하지만 한 마리라도 부작용이 있다는 것은 큰 문제였어요.

소크 박사와 연구원들은 백신을 만들었던 과정을 다시 하나씩 확인했어요. 그 결과 여섯 개의 백신 중 두 개가 제대로 만들어지지 않았다는 것을 알게 되었어요.

태양에 특허를 낼 수 있나요?

용기를 얻은 소크 박사는 정부와 소아마비 재단에 백신을 만들어 아이들에게 접종하겠다고 말했어요. 이번에는 소아마비 재단에서 거절했어요.

"동물 실험만으로 어떻게 믿어요. 사람과 동물은 다르잖아요."

"제가 맞은 백신 결과를 보여 드릴게요."

소아마비 재단에서는 소크 박사의 이야기를 들으려 하지 않았어요.

"당신은 어른이잖아요. 아이들에게 접종했을 때의 결과를 어떻게 확신할 수 있죠?"

이 말을 들은 소크 박사가 말했어요.

"그럼, 내 두 아들에게 백신을 주사하겠습니다."

소크 박사는 정말로 두 아들에게 백신을 주사하기로 했어요. 보조 연구원이 소크 박사를 말렸어요.

"박사님, 잘못되면 어떻게 하시려고요? 아이에게 장애가 생기거나 죽기라도 하면 평생 마음의 상처로 남을 거예요. 차라리 이 기술을 기업에 파는 게 어떨까요?"

"저도 두려워요. 하지만 백신을 주사한 내 몸에서 항체가 만들어진 걸 보면 분명 아이들에게도 효과가 있을 거예요."

마침내 소크 박사는 두 아들에게 백신을 주사했어요.

백신을 맞은 첫째 날, 아이들은 아무 문제가 없었어요. 그러나 둘째 날, 둘째 아들 몸이 불덩이가 되었어요. 사람들은 소크 박사를 비난했어요. 성공에 눈이 먼 나쁜 아빠라고 욕했지요. 자식의 목숨을 돈과 바꾼 것이라고 말하는 사람들도 있었어요. 하지만 사흘째 되던 날, 모든 것이 달라졌어요. 열이 떨어진 둘째 아들이 침대에서 일어났거든요.

소크 박사 아들에게 아무 문제가 없다는 것이 밝혀지자 정부에서 어린이를 대상으로 한 실험을 허락했어요. 먼저 200만 명의 어린이에게 백신을 주사했어요. 모두들 숨죽이며 결과를 기다렸어요. 실험은 성공이었어요. 소크 박사의 둘째 아들처럼 잠시 열병을 앓는 아이도 있었지만 다른 부작용은 나타나지 않았어요.

실험이 성공하자 제약 회사에서 앞다투어 소크 박사를 찾아

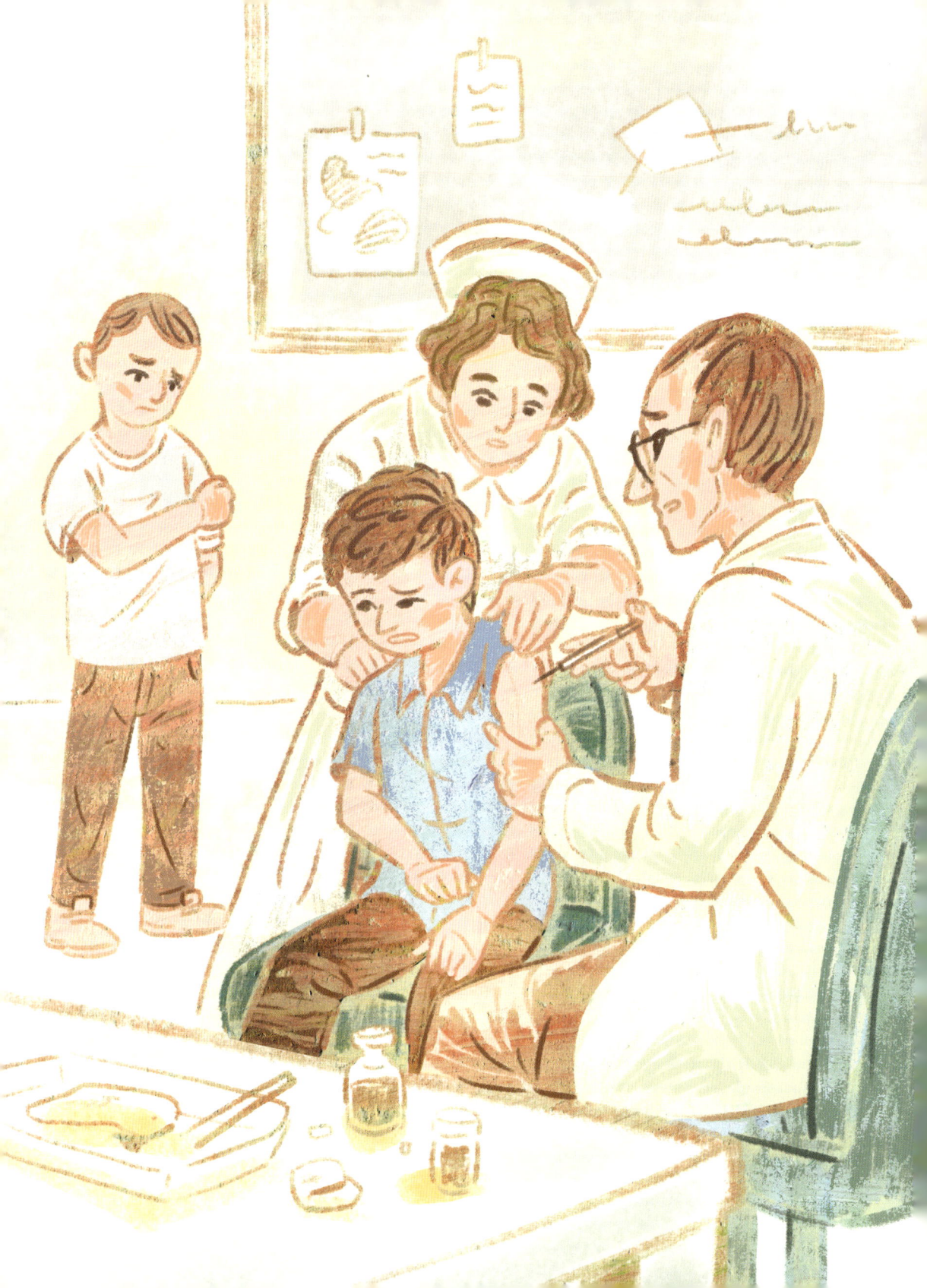

왔어요. 세계에서 손꼽히는 제약 회사들이 줄을 설 정도였어요.

"소크 박사님, 큰돈을 드리겠습니다. 소아마비 백신 기술을 우리 회사에 파세요."

소크 박사는 고개만 저을 뿐 대답하지 않았어요. 그랬더니 유명한 제약 회사 회장이 직접 찾아왔어요.

"얼마를 원하십니까? 박사님이 원하는 만큼 돈을 드리겠습니다."

"태양의 값이 얼마나 될까요? 그만큼 주실 수 있나요? 태양의 값만큼 주신다면 고민해 보겠습니다."

회장은 혀를 쯧쯧 차며 돌아갔어요.

"욕심이 아주 많군. 태양의 값이라면 도대체 얼마를 원하는 거야?"

소크 박사와 제약 회사와의 이야기는 금세 소문이 퍼졌어요. 그때부터 사람들은 소크 박사가 특허권을 얼마에 팔 것인가에 관심을 갖기 시작했어요. 특허권을 비싸게 팔면 백신 값도 비싸질 수밖에 없어 걱정하는 사람이 많았지요.

이 궁금증은 얼마 안 가 풀렸어요. 방송 인터뷰에서 아나운서가 소크 박사에게 직접 물었거든요. 질문을 받은 소크 박사는 1초의 망설임도 없이 대답했어요.

"백신을 무료로 나눠 줄 겁니다. 태양에 특허를 낼 수 있나요?"

사람들은 소크 박사의 결정에 환호했어요. 이 결정은 미국만이 아니라 가난한 다른 나라에도 영향을 미쳤어요. 가난한 나라의 어린이들도 저렴하게 소아마비 백신을 접종받을 수 있게 되었으니까요.

좀 더 알아볼까요?

1. 항원, 항체, 백신은 무엇일까?

　감기에 걸리면 열이 나고 콧물이 나요. 기침이 나고 목이 아프기도 해요. 우리는 이것을 면역 현상이라고 불러요. 건강을 해치는 물질을 없애려는 신체 활동이지요. 그러면 왜 감기에 걸리는 걸까요? 바이러스 때문이에요. 바이러스는 우리 몸을 구성하는 물질과는 달

라서 우리 몸에 들어오면 거부 반응이 일어나요. 항원은 바로 이런 바이러스를 일컫는 말이에요.

항원이 들어오면 우리 몸에서는 항원과 싸우는 면역 현상이 일어나요. 그리고 그 싸움에서 이기면 항체가 생기지요. 다음번에 똑같은 항원이 들어왔을 때 싸워 이길 수 있게 된 거예요. 면역력이 생겼다는 말은 항원에 대한 항체가 만들어졌다는 뜻이에요.

그러나 우리 몸이 모든 바이러스를 다 이길 수는 없어요. 때로 장애를 얻기도 하고 심하면 죽기도 해요. 그래서 백신이 필요하답니다. 백신은 항체를 만들어 주는 물질이에요. 보통 죽은 바이러스나 아주 약한 바이러스로 만들기 때문에 우리 몸은 쉽게 싸워 이기고 항체를 만들 수 있어요.

2. 바이러스, 세균, 곰팡이는 어떤 차이가 있을까?

보통 바이러스는 유전자 조각과 단백질로 구성되어 있어요. 세균보다 100만 배 더 작아서 혼자서는 아무것도 할 수 없어요.

이런 바이러스가 살아 있는 세포를 만나면 힘이 세져요. 자기 유전자를 세포 속에 퍼뜨릴 수 있거든요. 세포는 바이러스가 들어오면 유전자를 복제하는 일에만 몰두해요. 그리고 새로운 바이러스 수백 개를 다시 태어나게 한 후에 죽어 버려요.

세균은 몸이 하나의 세포로 이루어진 작은 미생물이에요. 그래서 양분이 있으면 어느 곳에서나 독립적으로 살아갈 수 있지요.

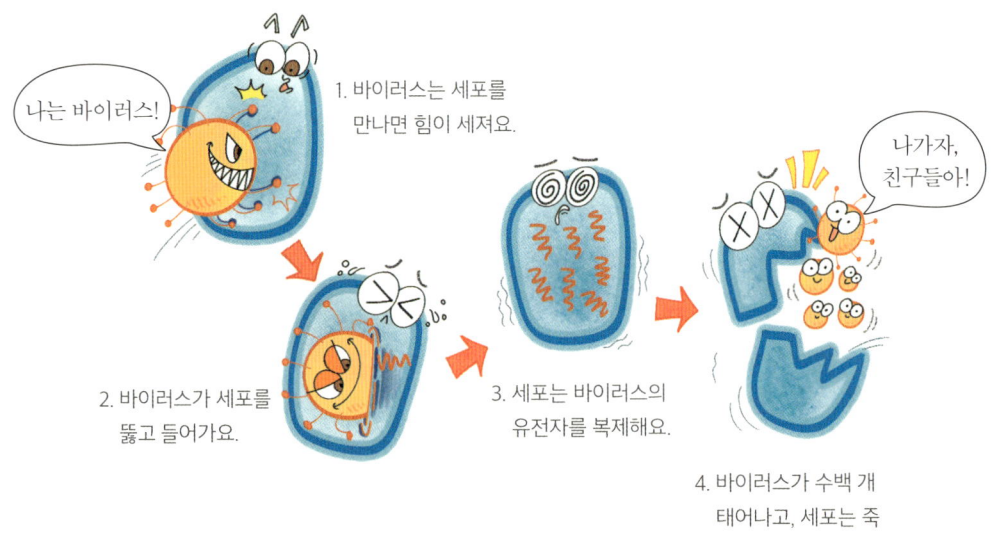

곰팡이는 세균보다 몇 배 더 커서 눈으로 볼 수 있어요. 곰팡이가 사람 몸에 전염되면 피부병을 일으키지만 버섯처럼 유익한 것도 있어요. 빵이나 메주, 와인과 막걸리를 만들 때도 곰팡이가 필요해요.

3. 최초의 백신을 만든 에드워드 제너

인간이 백신의 원리를 처음 알 게 된 것은 아주 오래전이에요. 기원전 430년 그리스의 역사학자인 투키디데스는 아테네와 스파르타 간의 전쟁인 펠로폰네소스 전쟁의 기록에 "전염병에 걸렸다가 회복

된 사람만이 같은 병에 걸린 환자를 간호할 수 있다."라고 썼어요. 한 번 질병에 걸렸다가 나으면 다시는 그 병에 걸리지 않는다는 현상을 이해하고 있었던 것이지요. 하지만 백신이 나오기까지는 아주 오랜 시간이 걸렸어요.

처음 백신이 나온 질병은 천연두예요. 천연두는 100명 중 30명은 사망하는 무서운 병이었어요. 특히 어린이의 사망률이 높았어요. 그러다 1796년 영국 의사 에드워드 제너는 우연히 천연두에 걸리지 않는 사람을 찾아냈어요. 소젖을 짜다가 소의 질병인 우두에 감염된 사람들이었어요. 우두가 천연두의 백신 역할을 했던 거지요.

제너는 라틴어로 암소를 뜻하는 바카(vacca)에서 백신(vaccine)과 백신 접종이라는 용어를 만들었어요.

제너는 우두에 걸린 여인의 물집에서 나온 액체를 보관했어요. 그리고 동네 농부를 설득해서 농부의 아들에게 액체를 접종한 후, 6주 뒤 이번에는 아이에게 천연두 바이러스를 주사했어요. 제너의 예상대로 아이는 천연두에 걸리지 않았어요. 우두균으로 백신 접종을 하면 천연두에 대한 면역이 생긴다는 사실을 확인한 셈이지요. 제너의 백신으로 사람들은 천연두에 대한 두려움에서 벗어날 수 있었답니다.

벼락을 맞아도 멀쩡한 피뢰침

피뢰침을 발명한 벤저민 프랭클린

★ 초등 교과 연계
과학 5-2 3. 날씨와 우리 생활
과학 6-2 1. 전기의 이용
과학 6-2 5. 에너지와 생활

번개는 신이 내린 벌이야!

"우르르 쾅쾅!"

1710년, 미국 워싱턴에 사는 제임스는 창밖을 내다봤어요. 집 앞의 나무에 번개가 떨어지는 것 같았거든요. 그런데 정말로 나무가 갈라져 있고 연기도 나고 있었어요. 그 모습을 본 제임스는 깜짝 놀라서 우산도 쓰지 않은 채 밖으로 뛰어나갔어요.

제임스의 아빠와 엄마도 밖으로 나왔어요.

"집에 떨어지지 않아서 다행이야."

그런데 다행이라고 말하는 엄마의 표정이 어두웠어요. 내일이면 마을 사람들이 수군거릴 게 분명했거든요.

다음 날 아침, 예상한 대로 학교에 가자마자 친구들이 제임스를 보며 수군거리기 시작했어요.

짝꿍도 걱정스런 표정으로 물었어요.

"너희 집 앞마당에 번개가 떨어졌다며? 아무 일 없었니?"

"괜찮아. 아무 일 없었어."

그때였어요.

"아무 일도 없긴. 이제 시작이야! 어서 신에게 잘못을 빌어. 그래야 벌을 덜 받을 거야."

"잘못을 알면 번개가 내리쳤겠냐? 제임스네가 나쁜 일을 계속하면 우리 마을 전체에 벌이 내릴지도 몰라. 우리가 지켜봐야 해!"

"도대체 무슨 나쁜 짓을 했니? 신이 벌을 내릴 정도면 작은 잘못이 아닐 텐데."

친구들은 의심의 눈빛으로 빨리 잘못을 고백하라며 제임스를 몰아붙였어요. 그 뒤로는 아무도 제임스에게 말을 걸지 않았어요. 같이 놀지도 않았어요.

제임스는 주말에 교회에 나가지도 못했어요. 마을 사람들이 제임스네 가족을 교회에 나오지 못하도록 막았거든요.

"신에게 잘못한 사람은 교회에 오면 안 돼요! 교회는 신성한 곳이에요."

마을 사람들이 제임스네 가족을 죄인으로 몰아가자 아빠와 엄마는 이사를 고민했어요.

폭풍우 속에서 연날리기

사람들이 번개를 무서워하던 시절, '번개가 전기가 아닐까?'

라고 생각한 사람이 있었어요. 바로 미국의 벤저민 프랭클린이에요.

1752년, 비가 오는 날이면 프랭클린은 하늘을 보고 걸었어요. 남들은 번개를 무서워했지만 프랭클린은 오히려 번개가 치는 곳으로 달려갔지요. 그러다 사람들과 싸울 뻔하기도 했어요. 하늘만 쳐다보고 다니다 지나던 사람들과 자주 부딪쳤거든요. 사람들은 프랭클린이 일부러 그런다며 화를 냈어요.

그러나 프랭클린은 전혀 개의치 않았어요. 자신의 생각을 확인할 방법을 찾지 못하는 게 더 답답했지요.

'번개는 땅으로 떨어지니까 분명 땅으로 내려오게 할 방법이 있을 텐데.'

그때 프랭클린의 눈에 연날리기하는 아이들이 보였어요. 전기를 모아 둘 수 있는 '라이덴병'도 생각났어요. 라이덴병은 유리병에 물을 채워 코르크 마개를 단 다음 철사나 못을 코르크 마개에 꽂아서 철사가 물에 닿게 고안된 병이에요.

'저거야! 번개가 전기라면 연에 붙인 쇠를 따라 전기가 통할 거야. 그럼 라이덴병에 전기를 모을 수 있고 눈으로도 확인할

수 있을 거야.'

그 뒤 프랭클린은 비가 올 때마다 연을 가지고 밖으로 나갔어요. 명주실로 된 연줄에 작은 열쇠를 달고, 그 줄을 라이덴병과 연결시켰어요. 그러나 프랭클린이 생각하는 대로 되지가 않았어요. 실패에 실패를 거듭했지요.

그러던 어느 날, 비가 오면서 천둥 번개가 치자 프랭클린은 여느 때처럼 연을 가지고 나갔어요. 하지만 그날 역시 라이덴병에는 아무런 변화가 없었어요. 프랭클린은 무작정 번개가 있는 곳으로 뛰어갔어요. 그때 번개가 프랭클린 머리 위쪽에서 번쩍이는 게 아니겠어요? 프랭클린은 깜짝 놀랐지만, 얼른 라이덴병을 놓아둔 곳으로 뛰어가 확인했어요. 이번에는 변화가 있었어요. 전기가 흐르면 라이덴병 속에 있던 얇은 금속이 바람에 나뭇잎이 흔들리듯 흔들리는데, 그 금속이 움직이고 있었어요.

프랭클린은 너무 기뻐서 어린아이처럼 팔짝팔짝 뛰었어요. 젖은 옷을 갈아입지도 않은 채 바로 연구실로 뛰어갔지요. 그러고는 영국과 프랑스의 과학자와 정치가들에게 번개가 전기라는 내용을 담은 편지를 썼어요. 당시에는 과학적 성과나 관찰이 이루어지면 편지로 알리는 전통이 있었거든요.

그러나 과학자들과 정치가들은 믿지 않았어요. '번개가 전기라니 설마…….' 하는 생각이었지요. 프랑스의 왕 루이 15세가 이 실험을 확인하고 프랭클린에게 감사 편지를 보내자 그제야 인정하는 분위기가 되었어요.

그 뒤 프랭클린은 더 이상 번개 때문에 위험한 일은 없어야 한다고 생각했어요. 그래서 번개를 피할 수 있는 방법을 고민했어요.

'바늘을 이용해 볼까? 전기 실험을 할 때 바늘을 사용하잖아. 둥근 모양보다는 뾰족한 침이 전기를 잘 모을 거야. 그럼 이렇게 모은 전기는 어떻게 처리하지? 분명 위험할 텐데.'

그 답은 금방 찾아냈어요. 예전에 봤던 전기 마술 쇼가 생각났거든요. 전기 마술 쇼는 명주실로 천장에 그네처럼 만들어 놓은 후, 소년을 매달아 놓고 마찰한 유리 막대를 소년의 발바닥에 가져가는 실험이었어요. 그때 공중에 매달려 있던 소년의 얼굴은 붉어졌고, 머리카락은 하늘로 치솟았지요. 그러나 소년은 아무렇지도 않았어요. 전기가 사방으로 흩어졌기 때문이에요.

'번개로 모은 전기를 땅속으로 동시에 골고루 퍼지게 하면 전기가 약하게 땅속으로 흘러갈 거야.'

프랭클린은 뾰족한 철 막대기를 건물 지붕 위에 세웠어요. 물론 그게 끝은 아니었지요. 나무 기둥처럼 건물을 통과하도록 한 후, 땅속에는 나무뿌리처럼 여러 개의 철을 연결시켰어요. 이것이 바로 벼락의 피해를 막아 주는 피뢰침이에요.

인류를 위한 옳은 일

 "번개는 신이 내린 벌인데, 인간이 막다니! 더 큰 재앙이 닥칠 수 있습니다!"

 성직자들은 프랭클린의 피뢰침을 싫어했어요. 그들은 피뢰침이 신을 더욱 분노하게 만들 거라고 했어요. 일부 성직자들은 신이 더 큰 벌을 내릴지도 모른다며 걱정했지요.

 프랭클린은 아랑곳하지 않았지만 논란은 더욱 커져만 갔어요. 영국에서는 뾰족한 피뢰침을 쓰지 못하도록 금지시키기도 했어요. 뾰족한 피뢰침은 식민지 국가였던 미국이 영국에 대항하는 이미지를 가진다고 생각했기 때문이에요. 당시 미국에서는 영국으로부터 독립하려는 움직임이 있었고, 프랭클린은 이에 앞장서는 정치인이었거든요.

 피뢰침이 번개를 불러일으킨다는 소문도 돌았어요. 프랭클린 집에 세운 피뢰침을 마을 사람들이 부숴 버

리는 일도 있었어요. 그러나 그는 오히려 더 많은 곳에 피뢰침을 설치할 수 있도록 영국에서 매년 발행하는 잡지에 피뢰침 만드는 기술을 공개했어요. 누구든지 보고 만들 수 있도록 알린 것이지요.

프랭클린은 번개에 대한 오해를 풀기 위해 사람들을 모아 놓고 번개는 자연 현상이며, 신이 주는 벌이 아니라고 설명하기도 했어요. 피뢰침의 원리에 대해서도 알려 주었지요.

프랭클린은 피뢰침 기술에 특허도 받지 않았어요. 주변에서는 어리석은 짓이라고 했어요. 프랭클린의 아들 윌리엄도 아버지의 행동이 이해되지 않았어요.

"아버지, 피뢰침 연구를 계속하시는 이유를 모르겠어요. 특허를 받지 않으니까 아버지가 만든 기술을 더욱 의심하는 거예요. 특허를 받으면 과학자로서 인정받을 수 있고, 돈도 많이 벌 수 있잖아요."

"우리는 다른 사람들의 발명품으로 큰 도움을 받고 있잖니. 우리도 그것을 다른 사람에게 돌려줘야 하는 거란다. 오히려 무료로 나눠 줄 수 있다는 것에 기뻐해야지."

그래도 윌리엄은 아버지의 말을 따를 수가 없었어요. 그래서 아버지 몰래 한 회사를 찾아가 피뢰침을 제품으로 만들어 달라고 했어요. 대신 피뢰침 만드는 기술을 독점적으로 사용할 수 있도록 하겠다는 제안을 하면서요. 회사에서는 윌리엄의 제안을 바로 받아들였어요.

며칠 뒤, 그 회사에서 프랭클린을 찾아와 특허료와 계약서를 내밀었어요. 프랭클린은 윌리엄이 그랬다는 것을 알고 크게 화를 냈어요.

"이 기술은 사람들의 안전을 위한 거야. 특허료를 받는 것은 옳지 않아."

"아버지, 저는 그렇게 생각하지 않아요. 노력에 대한 보상이 있어야 하잖아요. 공짜로 준다고 해서 사람들이 고마워할 것 같으세요? 그게 어려운 기술이 아니어서 공짜로 준다고 생각할 거라고요."

"그럴지도 모르지. 하지만 나는 누군가가 고마워하길 바라는 마음으로 이 기술을 무료로 주겠다고 결정한 것이 아니야. 사람들이 이상한 소문 때문에 힘들어하지 않고, 더 이상 번개로 피해를 입지 않았으면 하는 마음이었단다."

윌리엄은 아버지의 생각이 확고하다는 것을 알고 설득을 포기했어요. 사람들 역시 공짜로 기술을 알려 준 프랭클린을 보면서 마음이 변해 갔어요. 사람들이 직접 교회나 성당을 찾아가서 "혹시 모르니까 피뢰침을 설치해 봅시다."라고 목사님과 신부님을 설득하는 일도 생겨났어요.

이런 프랭클린의 노력과 헌신에 감사하는 뜻으로 1753년 영국 왕립 학회에서 '코플리 메달'을 수여했어요. 그해 가장 훌륭한 과학 업적을 달성한 사람에게 수여하는 코플리 메달은 그때까지 미국인은 받은 적이 없던 상이었어요. 프랭클린은 메달을 받게 되어 기쁘기도 했지만 자신의 발명으로 수많은 사람들의 생활에 변화가 온 것이 훨씬 만족스러웠어요.

좀 더 알아볼까요?

1. 번개와 벼락은 왜 생길까?

　번개는 왜 생길까요? 폭풍이 몰아치면 먹구름 속에서 물방울과 작은 얼음들이 부딪치며 마찰을 일으켜요. 이때 정전기가 생겨나듯 구름 위쪽에는 양극(+)이, 아래쪽에는 음극(-)이 만들어져요. 그리고 둘이 만나면 순간적으로 강력한 전기를 만들어 내는데, 그것이 번개예요.

그러면 벼락은 어떻게 생기는 걸까요? 구름 속에 있는 음전기(-)와 땅 위에 있는 양전기(+) 사이에 전류가 흐르면 번개가 아래로 이동하는데, 이것이 벼락이에요. 좀 더 쉽게 설명하면 구름과 구름 사이로 뻗어 나가는 불빛은 번개이고, 땅으로 떨어지는 것은 벼락이에요. 천둥이나 번개는 하늘에서 일어나는 현상이기 때문에 위험하지 않지만 벼락은 사정이 달라요. 사람이 벼락을 맞으면 목숨을 잃을 수도 있어요.

2. 패러데이의 새장 효과

벼락이 칠 때 가장 안전한 곳은 어디일까요? 바로 자동차 안이에요. 벼락이 자동차에 떨어지더라도 전류가 자동차 표면을 따라 땅으

로 흘러들어 가기 때문이에요.

비행기도 안전해요. 비가 많이 오고 천둥 번개가 치는 날에도 비행기가 운항하는 것을 보면 알 수 있지요. 비행기가 번개에 맞아 승객이 감전되었다는 이야기를 들어 본 적이 있나요? 아마 없을 거예요.

비행기에도 피뢰침과 비슷한 장치가 있기 때문이에요. 물론 번개의 전기를 모으는 장치는 아니에요. 그러나 번개가 비행기로 떨어지면 번개의 전기를 날개 끝으로 보내 공중으로 흩어지도록 설계가 되어 있어요.

그러면 전기가 흐르는 공간에서 사람이 안전할 수 있는 이유는 무엇일까요? 마이클 패러데이라는 과학자가 이에 대한 실험을 했어요. 새를 새장에 넣고 전기를 흐르게 하는 실험이었지요. 분명 새장에는 전기가 흘렀지만 새장 안에 있던 새는 아무렇지도 않았어요. 그 뒤에 사람들은 전기가 흘러도 내부는 안전하다는 실험 결과를 '패러데이의 새장 효과'라고 부른답니다.

정보의 바다로 초대합니다

월드 와이드 웹을 개발한 팀 버너스리

★ 초등 교과 연계

실과 6(교학사) 4. 생활 속 소프트웨어
실과 6(금성)   3. 소프트웨어와 생활
실과 6(동아)   4. 프로그래밍과 소통
실과 6(미래엔) 3. 생활과 소프트웨어

모든 정보를 쉽게 볼 수 있다면…

1970년, 영국 런던 아동 심리 연구소에서 일하는 테일러 연구원은 부쩍 한숨이 많아졌어요. '전 세계 아동이 식사 시간에 보이는 반응에 따른 심리'라는 연구 주제 자료를 구하는 일이 만만치 않았기 때문이에요.

예를 들어 직접 아동학과 교수를 만나 관련 논문을 발표한 적이 있는지 물어봐야 했고, 일일이 얼굴을 맞대고 조언을 구해야 했지요.

테일러가 찾아갈 수 있는 대학도 하루에 겨우 두 군데 정도밖에 되지 않았어요. 게다가 자료를 찾는 날이면 자신의 연구소로 가져오기 위해 일일이 복사해야 했어요. 그러니 늘 무거운 서류 더미를 들고 다녀야 했지요.

　좋은 사례를 찾기 위해 언론사 자료 보관 창고에 가서 신문을 뒤지기도 했어요. 이 일 역시 시간이 오래 걸렸어요. 또 외국의 사례와 논문을 찾기 위해 통역사와 번역가도 고용했어요. 다른 나라의 연구 논문을 보려면 그 나라 사람과 직접 통화를 해야 했기 때문이지요.

　시차 때문에 밤을 새우기도 했어요. 다른 나라 사람들이 일하는 시간에 맞춰 전화를 하고 팩스를 받으려면 어쩔 수가 없었어

요. 자료를 받더라도 영어보다는 다른 언어로 된 논문이 더 많았어요. 이때도 번역가의 도움을 받아야 했지요.

'논문을 모두 모아 둔 곳이 있으면 얼마나 좋을까? 그러면 한꺼번에 볼 수 있을 텐데!'

그런데 테일러에게는 더 큰 고민이 있었어요. 자신이 자료를 찾아 논문을 써도 그 주장이 타당한지 알기가 어렵다는 거였어요. 동료에게 보여 주기는 했지만, 더 많은 사람들의 의견이 필요했어요.

평범한 부모들의 이야기도 듣고 싶었어요. 더 생생한 연구가 될 수 있으니까요. 하지만 설문지를 만들어 런던 시내에서 사람들을 붙잡고 직접 도움을 요청하는 것 외에는 뾰족한 수가 없었어요. 힘들고 어려운 과정을 거쳐 테일러는 5년에 걸친 연구를 마무리했어요.

하지만 연구를 발표하는 날, 테일러는 표절 시비에 걸리고 말았어요. 3개월 전에 스웨덴에서 비슷한 연구가 발표되었다는 거예요. 테일러는 눈앞이 캄캄했어요. 그리고 긴 한숨을 내쉬며 생각했어요.

'모든 정보를 쉽게 볼 수 있고, 서로 의견을 나눌 수 있는 방

법이 있다면 이런 일은 없었을 텐데.'

바다에 그물을 쳐서 고기를 잡듯

"팀, 유럽입자물리연구소에서 일하게 됐다며? 정말 축하해!"

팀 버너스리는 1989년 스위스 제네바와 프랑스 사이에 있는 유럽입자물리연구소에서 컴퓨터 프로그래머로 일하게 되었어요. 그는 이곳에서 세계 최고의 물리학자들이 연구를 제대로 진행할 수 있도록 도와주는 일을 했어요.

어느 날, 버너스리는 연구소 휴게실에서 연구원과 연구 조교가 대화를 나누는 것을 들었어요.

"미국 물리학자의 논문이 필요한데, 도서관에서 모두 복사해야 하나?"

"도서관에 없을 거예요. 논문을 쓴 사람에게 직접 전화해서 우편으로 보내 달라고 해야 해요. 팩스로 받기에는 분량이 많으니까요."

"어휴, 너무 번거로워. 누가 우리 뇌를 연결해 줬으면 좋겠어. 텔레파시로 생각을 공유할 수 있으면 이런 거 다 필요 없잖아."

"우리 연구소 연구원들은 책상만 연구소에 있지, 대부분 각자의 나라에서 연구하잖아요. 필요할 때만 이곳에 오니까 연구에 대한 아이디어를 나눌 수 있는 시간이 부족하기는 하죠."

음료수를 마시며 이야기를 듣던 버너스리는 고등학교 때 아버지와 어머니가 나누었던 대화가 떠올랐어요. 컴퓨터 프로그램 개발자였던 아버지와 어머니는 언젠가 '하나의 아이디어가 꼬리를 물 때마다 바로 찾아볼 수 있는 백과사전'에 대해 이야기를 하신 적이 있었어요.

버너스리는 정보를 연결한다면 연구원들의 고민을 해결하고, 부모님이 생각하던 백과사전도 만들 수 있을 거라고 생각했어요. 그래서 바다에 그물을 쳐서 고기를 잡듯이, 컴퓨터에 그물을 쳐서 정보를 잡는 방법을 찾아야겠다고 결심했어요. 그러나 컴퓨터에서 정보를 연결하는 방법을 찾아내기는 여간 어려운 게 아니었어요.

어느 날, 놀이터에 앉아 아이들을 멍하니 바라보고 있을 때였어요.

"원숭이 엉덩이는 빨개, 빨간 건 사과, 사과는 맛있어……."

"원숭이 엉덩이가 빨간 거 맞아? 본 적 있어? 사과는 초록색도 있어."

곱슬머리 아이의 흥얼거림에 옆에 있던 아이가 물었어요. 그 순간 버너스리의 머릿속에 번쩍 떠오르는 생각이 있었어요.

"정보를 저 노랫말처럼 꼬리를 물게 하면 되겠어. 아무 질문이나 하고, 질문에 꼬리를 물면서 계속 정보가 이어지게 하는 거야. 그러면 정보가 거미줄처럼 연결되겠지."

연구실로 돌아온 버너스리는 프로그램을 만들기 시작했어요. 그리고 마침내 1991년 '무엇이든 물어보세요'라는 인콰이어 프로그램을 만들어 냈어요. 질문에 답을 해 주는 이 프로그램은 언뜻 보면 단순해 보였어요. 하지만 글자에 하이퍼링크가 연결되어 있어서 다른 정보로 곧바로 넘어갈 수 있었어요. '꼬리말 잇기'와 꼭 닮은 프로그램이었지요. 하이퍼링크는 컴퓨터 문서 파일이나 인터넷 사이트의 글자를 클릭했을 때 관련 정보로 넘어가도록 연결되어 있는 것을 말해요.

버너스리는 유럽입자물리연구소 연구원들에게 인콰이어를 소개했어요. 그러나 처음에는 대부분 시큰둥했어요. 초기 인콰

이어는 질문도 단순하고 답변 수준도 낮았거든요. 버너스리는 실망하지 않고 연구를 계속했어요.

1992년 프랑스에서 고에너지 물리학 워크숍이 열렸어요. 버너스리는 200여 명의 물리학자 앞에서 자신의 프로그램을 시연할 기회를 얻었지요. 버너스리는 연구자들의 흥미를 끌기 위해 논문 공유 방법을 선택해서 설명하기로 했어요.

마침내 발표하는 날, 팀 버너스리는 벅찬 가슴으로 워크숍에 참석했어요.

"박사님들께 연구할 때 힘든 점이 무엇인지 물어봤더니 아이디어 공유라고 말씀하셨습니다."

버너스리의 말에 많은 참석자들이 고개를 끄덕였어요. 그 모습을 본 버너스리는 더욱 자신감을 갖고 스크린을 띄웠어요.

"이게 논문입니다. 이 논문을 세계 각국의 박사님들이 연구실이나 집에서 바로 볼 수 있습니다. 이 월드 와이드 웹(World Wide Web, WWW)으로 말이죠."

연구원들은 팀 버너리스의 설명에 몰입했어요. 더 이상 전화를 걸거나 우편으로 자료를 요청할 필요가 없다는 말에 넋이 나간 표정이었지요.

정보를 독점해서는 안 돼!

워크숍 이후 많은 사람들이 월드 와이드 웹에 관심을 가졌고, 사용하는 사람들도 늘어났어요. 버너스리는 월드 와이드 웹을 빠르게 사용할 수 있도록 기술 개발에 박차를 가했어요.

그 뒤 월드 와이드 웹을 바탕으로 한 인터넷 기업들이 생겨났어요. 인터넷 사용자가 늘어나면서 백화점이나 마트가 인터넷 안으로 들어가고, 기업들의 홍보물도 컴퓨터 안으로 들어갔어요.

버너스리는 뿌듯했어요. 특히 한 청각 장애인을 생각하면 자신에게 상을 주고 싶었어요. 그 청각 장애인은 소설을 쓰고 있었어요. 웹에 글을 올리면 많은 사람들이 읽고 댓글을 달아 주었어요. 그렇게 독자와 소통을 했지요. 버너스리는 자신의 손끝으로 세상을 바꾼 것 같아 기뻤어요.

그러나 한 친구는 버너스리가 한심하다고 생각했어요.

"인터넷 기업을 보면서 느껴지는 게 없니? 너는 억만장자가 될 기회를 잃은 거야. 지금이라도 늦지 않았어. 빨리 특허를 등록해. 그러면 인터넷 기업들과 개인들이 사용료를 내게 될 거야. 돈이 계속 들어오면 일할 필요도 없어."

"그래서?"

"그래서라니! 바보 아니야?"

"인터넷은 공간이 필요 없어. 적은 돈으로 창업할 수 있는 기회를 사람들한테서 뺏고 싶지 않아. 그리고 사용료를 받으면 정보는 돈 있는 사람만 가지게 돼. 이것 역시 불공평해. 정보를 공유하면 비밀이 없어지기 때문에 더 공평한 사회가 될 거야."

"그렇긴 해. 하지만 너무 아깝잖아. 네가 이걸 연구하느라 얼마나 많은 시간과 노력을 퍼부었는지 기억 안 나?"

"나는 명예만으로 충분해."

버너스리는 처음부터 월드 와이드 웹에 대해 비용을 받을 생각이 없었어요. 더 많은 사람이 사용하여 정보를 연결할수록 그 가치가 더 빛난다고 생각했기 때문이에요. 그러나 주변 사람들은 특허를 받으라고 재촉했어요. 버너스리는 모든 사람들에게 확실하게 선언해야겠다고 결심했어요.

"누구나 자유롭게 월드 와이드 웹을 사용할 수 있으며, 어떤 비용도 지불할 필요가 없습니다."

1993년 팀 버너스리는 유럽입자물리연구소에서 월드 와이드 웹의 무료 사용을 세상에 공표했어요. 그러자 더는 누구도 특허를 받으라고 하지 않았지요.

하지만 위기는 다른 데서 찾아왔어요.

"웹에 도박 회사가 만들어졌어요. 누구나 쉽게 접근할 수 있기 때문에 더 퍼지는 것 같아요."

"사람들이 우리 회사 사이트에 있는 자료를 마음대로 써요. 심지어 그대로 베끼는 경우도 있어요. 이건 우리 회사 노력을 훔쳐 가는 도둑질이라고요!"

웹 개방으로 생각지도 못한 문제들이 발생했어요. 개인 정보가 무단으로 유출되고, 창작물을 몰래 훔쳐 가는 일이 생겨났어요. 이상한 영상과 불법 정보도 웹에 떠다니고 있었지요.

"그러니까 특허를 내라니까. 특허를 내면 돈을 지불해야 하기 때문에 아무나 쉽게 접근하지 못하잖아. 그것만으로도 웹에서 벌어지는 문제를 많이 해결할 수 있어."

버너스리도 이 문제로 잠시 흔들렸어요. 자신이 생각한 웹은 모두가 정보를 공유하는 세상이었지만, 설마 나쁜 정보까지 공유할 거라고는 생각하지 못했기 때문이에요.

그때 버너스리는 청각 장애인을 떠올렸어요. 월드 와이드 웹을 유료화하면 이런 친구들이 세상과 이야기할 수 있는 통로가 막힐 거라고 생각했지요. 애초에 누구나 쉽게 정보에 접근하고 정보를 나누기 위해 만들었으니 그대로 밀고 가야 한다고 판단했어요. 청각 장애인도, 걷지 못하는 사람도, 도서관과 멀리 떨어진 곳에 사는 사람도 누구나 쉽게 접근할 수 있어야 한다고 생각했지요.

'기술은 사용하는 사람들에 따라 좋은 기술도 되고, 나쁜 기술도 될 수 있어. 좋게 사용할 수 있도록 노력하는 게 더 중요해. 역시 특허를 받는 건 옳지 않아!'

버너스리의 생각은 더 확고해졌어요.

좀 더 알아볼까요?

1. 인터넷의 시초, 아르파넷

　원래 인터넷은 군사 목적으로 개발되었어요. 1969년 미국 국방부에서 핵전쟁이 일어나도 네트워크 통신을 할 수 있는 기술을 연구했지요. 이때 만들어 낸 것이 '아르파넷(ARPAnet)'이에요.

　처음에는 미국 각지에 분산되어 있는 연구소와 대학교의 컴퓨터를 연결하는 것이 목표였어요. 그리고 1972년에는 이메일을 만들어 서로 정보를 주고받을 수 있는 시스템을 만들었어요. 1973년에는 미국에서 영국, 노르웨이 등으로 대서양을 횡단하는 컴퓨터 네트워크 연결에 성공했지요. 1980년대에는 현재 인터넷 주소로 쓰이는 '닷컴(.com)' 등 인터넷 도메인 시스템을 개발했어요.

　이후에 아르파넷은 일반인들이 사용할 수 있도록 기술을 알려 주기로 결정했어요. 그래서 아르파넷 네트워크는 군사용 네트워크인 밀넷(MILNET)과 일반인이 사용하는 인터넷으로 나누었어요. 그때 일반인이 사용할 수 있게 된 인터넷이 지금 우리가 사용하는 인터넷의 시초예요.

2. IP 주소와 도메인 네임은 무엇일까?

　IP 주소는 인터넷에 연결된 모든 컴퓨터의 주소를 말해요.

0.0.0.0~255.255.255.255까지의 숫자의 조합으로 이루어져 있어요. 네 개의 구간으로 나눠져 있고, 최대 12자리의 번호로 이루어진답니다. 전 세계의 컴퓨터가 많아지고 스마트폰 등 다른 기기들도 인터넷에 연결되면서 점차 IP 주소의 용량이 부족해지고 있지요.

도메인 네임은 숫자로만 이루어진 IP 주소를 기억하기 쉽게 문자로 표현한 것이에요. 시스템 이름, 소속 기관의 이름, 기관의 종류, 국가 등 네 개의 주소를 마침표(.)로 구분하여 표현해요. 우리나라 교육부의 도메인 네임(www.moe.go.kr)을 예로 들어 보면 아래와 같이 구성되어 있어요.

www는 월드 와일드 웹 서비스를 말해요. moe는 교육부라는 기관을 뜻하고, go는 공공 기관을 의미해요. 회사인 경우에는 co를 사용하지요. kr은 대한민국을 뜻하고, 미국은 us, 영국은 uk를 사용하는 식이에요. 그러나 인터넷에 연결된 모든 컴퓨터에 도메인 네임이 부여되는 것은 아니에요. 필요 없는 경우에는 도메인 네임이 없기도 해요.

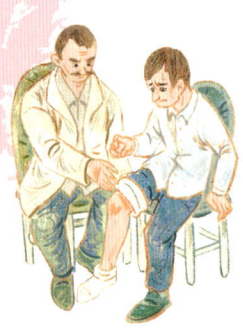

몸속을 보여 주는 미지의 빛

엑스선을 발견한 빌헬름 뢴트겐

★ 초등 교과 연계

과학 4-2 3. 그림자와 거울
과학 6-1 5. 빛과 렌즈

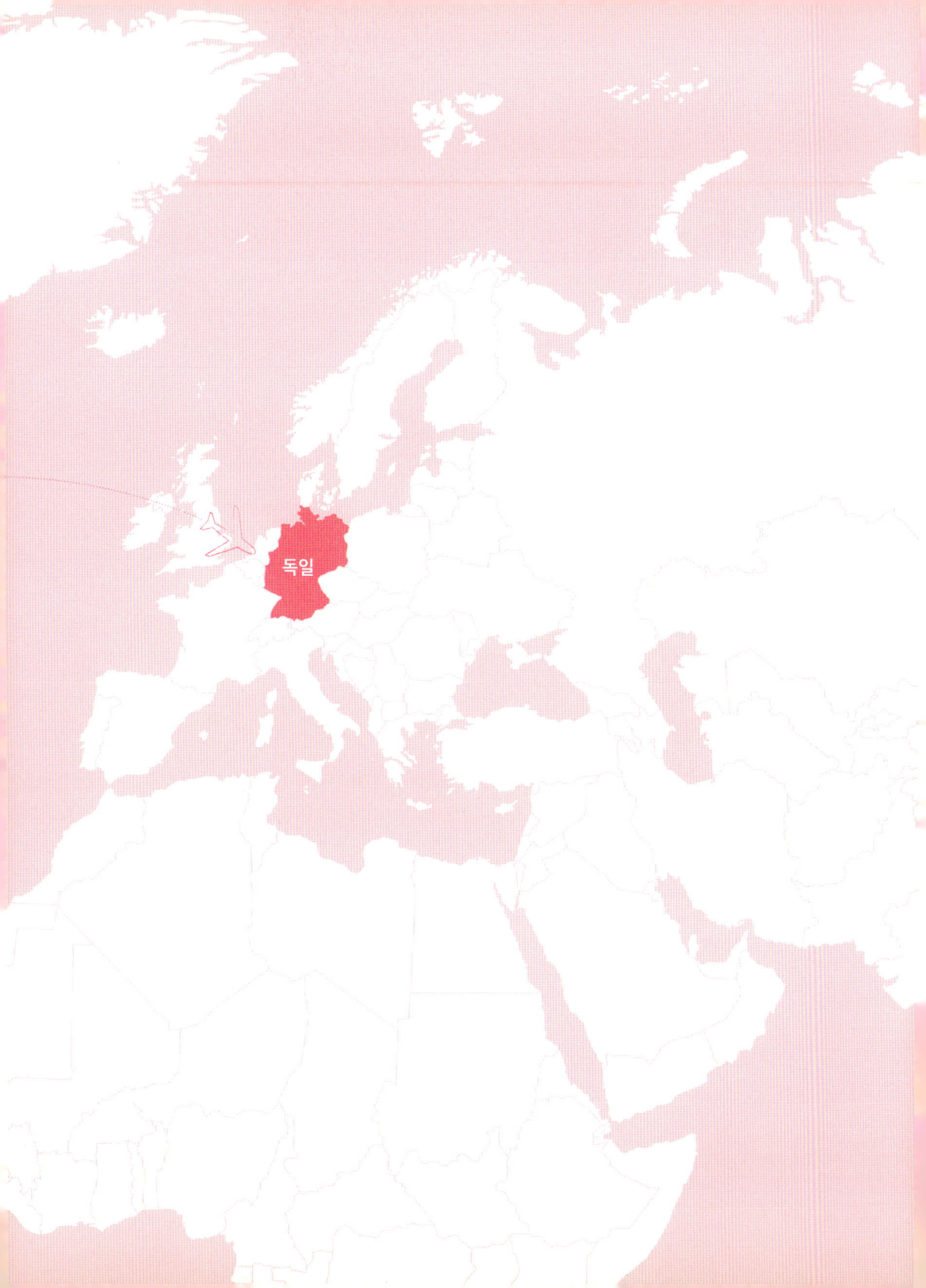

치료할 방법이 없습니다

미국 남북 전쟁이 끝난 1870년, 캘리포니아에 사는 빈센트는 아침에 눈을 뜨는 게 늘 힘들었어요. 특히 오늘처럼 날씨가 흐린 날에는 정강이가 더 쑤시고 아팠어요. 하지만 빈센트는 침대 위에 그냥 누워 있을 수 없었어요. 회사에 나가야 했거든요.

집을 나선 빈센트는 평소보다 더 천천히 걸었어요. 통증 때문에 걷기가 더 힘들었거든요. 그나마 회사와 집이 가까워서 조금만 참으면 됐지요.

그런데 그때 어디론가 급하게 뛰어가는 아이들이 빈센트를 향해 우르르 몰려왔어요. 빈센트는 아이들을 피하려고 길 가장

자리로 비켜섰어요. 그러다 그만 넘어지고 말았어요.

문제는 그다음이었어요. 회사에 도착했더니 건물 앞에 많은 물건들이 쌓여 있었어요. 내일 열릴 신입 사원 환영 행사를 위한 풍선과 간식거리, 그리고 책상에 놓을 책꽂이 등이었지요.

빈센트는 계단을 오르내리며 물건을 날랐어요. 통증이 느껴졌지만 이를 꽉 물고 참았어요. 큰 부피의 물건은 동료들과 함께 들기도 했어요. 그러다가 발을 헛디뎌서 계단에 주저앉고 말았어요. 같이 물건을 들고 있던 사람도 뒤로 나자빠졌지요.

빈센트는 오랜 고민 끝에 다리에 박혀 있는 총알을 빼야겠다고 생각했어요. 남북 전쟁 당시에 맞은 총알이었지요. 그때는 총상을 입고도 죽지 않은 게 기적이라고 여겼어요. 그런데 시간이 지날수록 통증이 심해져서 일상생활을 하는 데도 불편해졌지요. 어떻게든 치료를 해야겠다고 생각했어요.

빈센트는 병원을 찾아가 의사 선생님에게 정강이를 보여 주었어요.

"여기가 자주 아파요. 남북 전쟁 때 총상을 입었는데, 그때 제거하지 못한 총알 때문이 아닌가 싶어요. 그때 총상 입었던 친구들에게 물어보니까 몇몇이 저랑 비슷한 증상을 겪고 있더라고요."

의사 선생님은 빈센트의 다리를 만져 보더니 한참 후에 말했어요.

"생명에는 지장이 없으니 그냥 지내시는 게 어때요?"

"통증이 점점 심해진다니까요. 생활하는 데도 불편하고요."

"그럼 통증을 줄일 수 있는 약을 처방해 드릴게요."

"의사 선생님, 저는 총알을 빼 달라고 말씀드린 거예요."

빈센트가 힘주어 말하자 의사 선생님은 한숨을 푹 내쉬었어요.

"총알을 빼낼 수는 있지만, 잘못하면 신경을 건드릴 수 있어요. 총알이 그냥 박히기만 했는지, 근육 속에 파묻혀 있는지 확인할 수가 없어요. 수술을 잘못하면 다리를 아예 쓰지 못할 수도 있어요."

"확인해 보시면 되잖아요."

"피부를 칼로 도려내서 직접 눈으로 보지 않는 이상 알아낼 방법이 없어요. 불편하더라도 지금처럼 생활하는 게 낫습니다."

빈센트는 속이 상했어요.

'이렇게 아픈데, 총알의 위치를 정확히 볼 방법이 없다니!'

빈센트의 눈에서 눈물이 뚝 떨어졌어요. 평생 고통받으며 살

생각을 하니 눈앞이 캄캄했어요.

사물을 통과하는 신비한 빛

　1895년 뢴트겐은 다른 날과 마찬가지로 늦은 밤이 되어서야 실험실 불을 껐어요. 그때 이상한 현상이 나타났어요. 실험실

한쪽에서 희미한 빛이 새어 나오고 있었거든요.

'이상하군. 전원을 모두 껐는데……'

뢴트겐은 실험실을 구석구석 살펴보기 시작했어요. 빛이 나올 만한 곳이 없었어요. 뢴트겐은 순간 더럭 겁이 났어요. 불이 켜질 만한 곳이 없는데 불빛이 보이니까 등골이 오싹해졌지요.

'혹시…… 귀신?'

하지만 뢴트겐은 이대로 실험실을 나갈 수가 없었어요. 과학자가 귀신을 떠올린 것만으로도 자존심이 상하는 일이니까요.

뢴트겐은 빛이 새어 나오는 곳을 자세히 살폈어요. 약 1미터쯤 되는 형광 스크린에서 빛이 나오고 있었어요. 형광은 빛을 비추면 강하게 색을 내는 물질이에요. 뢴트겐은 어디에서 스크린에 빛을 비추는지 알 수가 없었어요.

실험실 전원 하나하나를 다시 확인했어요. 그리고 탁자 위에 있는 크룩스관 전원이 꺼지지 않은 것을 발견했지요. 크룩스관은 길쭉한 유리관같이 생긴 진공관이에요. 전기가 흐르면 녹색 빛이 밖으로 나오지요.

뢴트겐은 그 빛을 보면서 고개를 갸웃했어요. 크룩스관은 검은 종이로 싸여 있어서 빛이 새어 나올 수가 없었거든요. 뢴트겐은 혹시나 하는 생각에 전원을 껐어요. 그랬더니 빛이 사라졌어요. 다시 전원을 켜자 형광 스크린에 빛이 생겼어요. 이번에는 형광 스크린을 크룩스관이 있는 탁자 쪽으로 가까이 가져가 봤어요.

'빛이 더 밝아지는군. 어떻게 크룩스관의 빛이 검은 종이를 뚫는 거지? 혹시 검은 종이를 뚫고 나오는 어떤 강력한 빛이 있는 걸까?'

뢴트겐은 정체불명의 빛을 본 후부터 잠을 이루지 못했어요. 빛의 정체가 너무 궁금했어요. 뢴트겐은 밥 먹는 것도 잊어버릴 정도로 실험에 매달렸어요. 나무 판, 유리판, 금속판을 이용해 크룩스관을 가려 봤어요. 그 결과, 미지의 빛이 납으로 된 금속판을 제외한 모든 판을 통과한다는 것을 알게 되었어요.

뢴트겐은 또 다른 호기심이 발동했어요. 자신의 손을 형광 스크린 앞에 놓고 크룩스관에 빛을 통과시켜 봤어요. 그 순간 입이 쩍 벌어졌어요. 자신의 손뼈가 나타났거든요. 뢴트겐은 문득 하나의 생각이 떠올랐어요.

 '사람의 몸을 통과한 이 빛을 사진으로도 찍을 수 있지 않을까? 그러면 우리 몸 안에 뭐가 있는지 알 수 있을 거야! 몸에 총알이 박히거나 어린아이가 동전이나 구슬을 삼켰을 때도 이 빛으로 사진을 찍으면 볼 수 있을지도 몰라.'

뢴트겐은 이 빛을 '아직 아무도 모르는 빛'이라는 의미로 엑스선(X-ray)이라 이름 짓고, 사진으로 찍기 위한 연구를 시작했어요.

그러던 어느 날, 뢴트겐은 아내를 실험실로 불렀어요. 크룩스관 앞에 사진 건판(빛에 반응하는 물질을 발라서 사진을 찍을 때 사용하는 유리판)을 놓고, 아내의 손을 올려놓게 했어요.

"어머나!"

아내가 사진을 보고 깜짝 놀랐어요. 사진에는 아내의 손뼈와 손에 끼고 있던 반지까지 뚜렷이 보였거든요. 아내는 믿을 수 없다는 표정으로 뢴트겐을 쳐다봤어요. 뢴트겐은 너무나 기뻐 소리 내어 웃었지요.

뢴트겐은 엑스선에 대한 논문을 단 두 달 만에 완성하고 세상에 선보였어요. 그런데 사람들은 깜짝 놀라면서도 분노했어요. 신기해하는 한편 걱정하는 사람들도 있었지요.

"몸속을 사진으로 찍는다고! 이러다가 내 알몸도 보는 거 아냐? 도대체 이런 못된 것을 발견한 뢴트겐은 어떤 사람이야?"

몸속을 볼 수 있다는 점을 걱정하는 사람이 많았어요. 심지어

는 교회를 다니는 사람들끼리 논쟁도 생겼어요.

"우리 몸에 영혼이 있음을 엑스선이 증명하고 있습니다. 엑스선을 쬐면 우리 몸이 단지 빈껍데기 옷에 불과하다는 것을 알 수 있습니다. 우리 스스로를 잘 알 수 있기 때문에 반성을 하게 되고 신에게 죄를 고하게 됩니다. 그러면 우리 죄가 사해져서 천국에 갈 수 있습니다."

"사람들에게 거짓말하지 마세요. 엑스선은 악마의 빛이에요. 사람들이 우리 몸에 영혼이 없다고 착각하게 만들고 있잖아요."

뢴트겐은 자신의 생각과 달리 오

해하는 사람들이 많아져서 슬펐어요. 게다가 뢴트겐이 제1회 노벨 물리학상을 받자 질투하고 비난하는 과학자들도 생겨났어요.

"내가 먼저 발견한 빛이었어요! 그런데 뢴트겐이 선수를 쳐서 논문을 낸 거라고요!"

뢴트겐은 엑스선을 두고 싸우는 사람들 때문에 마음이 아파 노벨상으로 받은 상금을 모두 기부했어요. 그리고 자신은 실험실로 돌아가 다시 연구에 매달렸어요.

그저 발견했을 뿐이네

뢴트겐은 엑스선으로 유명해졌지만, 오히려 점점 가난해졌어요. 제1차 세계 대전에서 조국인 독일이 지면서 물가가 상상할 수 없을 만큼 올랐기 때문이에요. 당시 빵 한 조각의 값이 10만 원이 넘었다고 해요.

설상가상으로 아내도 세상을 떠났어요. 뢴트겐은 슬픔 속에서 살았지요. 그때 친구가 찾아왔어요.

"뢴트겐, 생활이 어렵다는 이야기를 들었네."

"어디 나만 그런가? 독일 사람은 모두 비슷하지."

"내가 좋은 소식을 가지고 왔네. 지금 학계에서 엑스선의 이름을 뢴트겐선으로 바꾸자는 논의가 있다네."

"됐네, 이 사람아. 그런 건 바라지도 않아. 자연에 있던 빛에 내 이름을 붙인다니 말도 안 되는 일이야."

"그럼 엑스선에 대한 특허를 받는 건 어떤가? 그러면 더 이상 가난에 시달리지 않아도 될 거야."

뢴트겐은 친구를 말없이 물끄러미 바라봤어요. 친구는 뢴트겐이 자신의 의견에 찬성하는 것이라고 생각하고 말을 이어 갔어요.

"자네도 알지? 이번 전쟁에서 엑스선 때문에 많은 청년들이 장애도 덜 입고, 목숨도 구했다는 거 말이야. 아마 앞으로 모든 병원에서 엑스선 장비를 들일 거야. 그러면 자네는 엄청난 부자가 될 거야. 내가 특허를 낼 수 있게 도와주겠네."

"그럴 필요 없네. 엑스선은 내가 만든 게 아니지 않은가? 난 그저 발견했을 뿐이라고."

"지금 자네가 얼마나 바보 같은 소리를 하는지 아나?"

친구는 뢴트겐의 고집을 이해할 수가 없어서 흥분했어요.

"만약 내가 특허권을 가졌다면 이번 전쟁에서 많은 사람들이 마음대로 엑스선 사진을 찍어 볼 수 있었겠나? 환자들은 병원에 가는 것만도 부담스러워하는데, 돈을 주고 엑스선 사진을 찍어야 한다고 생각해 보게. 돈이 없어서 치료를 포기하는 사람이 생기지 않겠나?"

"그렇긴 하지만 너무 좋은 기회를 날리는 거야. 평생 돈 걱정 없이 살 수 있는 기회라고!"

"이런 걸로 특허권을 주장한다면 올바른 과학자라고 할 수 있겠나? 나는 아무 조건 없이 공개하고 싶어. 많은 사람들이 엑스선의 사용처를 자유롭게 찾아내어 인류를 위해 쓴다면 과학자로서 이보다 더한 보람이 어디 있겠나? 나는 그것만으로도 충분하다네."

친구는 확고한 뢴트겐의 생각을 받아들일 수밖에 없었어요. 독일인들은 인류를 위해 자신의 이익을 포기한 뢴트겐을 자랑스러워하고 존경했어요. 뢴트겐이 세상을 떠나자 독일의 문화부 장관이 그의 죽음에 대해 성명을 발표할 정도였지요.

1. 물질을 통과하는 엑스선

햇빛을 프리즘에 통과시켜 보면 빨주노초파남보 색깔의 띠를 볼 수 있어요. 우리는 이 빛을 '가시광선'이라고 해요. 사람의 눈으로 볼 수 있는 빛이라는 뜻이에요. 그러면 우리 눈으로 볼 수 없는 빛도 있다는 걸까요? 네, 맞아요. 눈에 보이지 않는 빛은 프리즘의 빨간색과 보라색 바깥쪽에 있어요. 빨간색 바깥쪽 부분을 적외선, 보라색 바깥쪽 부분을 자외선이라고 불러요. 그리고 자외선 바깥에 엑스선, 감마선이라고 하는 빛도 존재해요.

빛은 사물을 투과하기도 하고 반사하기도 해요. 자외선 쪽으로 갈

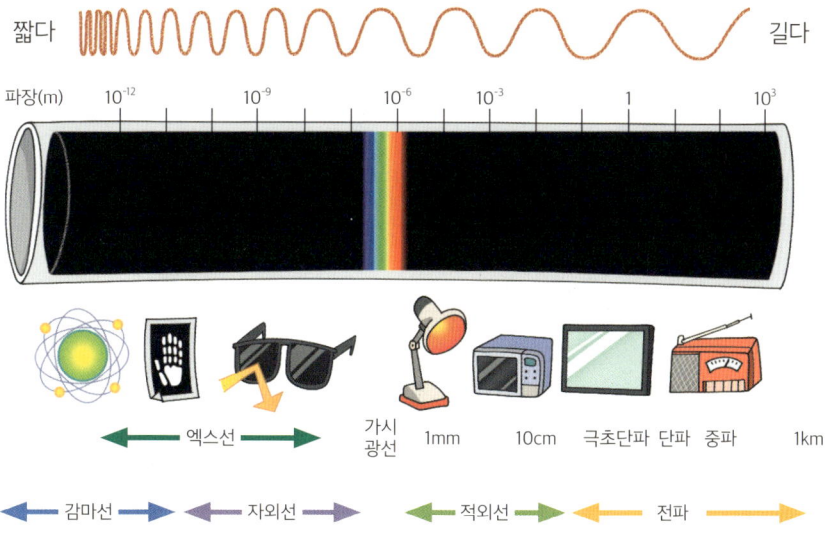

수록 투과율이 높고 적외선 쪽으로 갈수록 투과율이 낮아요. 그래서 투과율이 높은 엑스선으로 사진을 찍어 우리 몸의 뼈가 부러졌는지 확인할 수 있어요. 엑스선이 부드러운 피부와 살은 통과하고 단단한 뼈는 통과하지 못하기 때문에 뼈의 사진이 찍히는 거지요.

2. 엑스선은 어디에서 사용할까?

엑스선은 공항에서도 많이 활용되고 있어요. 비행기를 타기 전에 가방을 검사대에 올려놓으면 엑스선을 쏘는 기계를 통과하게 돼요. 그러면 모니터를 통해 가방 안에 총기류나 마약 같은 불법 물품을

숨겼는지 확인할 수 있어요.

　엑스선은 항구에서도 사용해요. 컨테이너 박스를 검색할 때 이용하지요. 컨테이너 박스는 아주 크기 때문에 일일이 검사하기가 어려워요. 게다가 한꺼번에 배에 싣고 운반하기 때문에 더더욱 검사가 어렵지요. 하지만 컨테이너에 엑스선을 쏘이면 그 안에 숨긴 불법적인 물건을 찾아낼 수 있어요. 컨테이너 검색에 엑스선을 사용하기 시작하면서 시간과 비용이 수백 배 절감되었어요. 예전에는 모든 검사를 사람이 직접 하느라 시간과 비용이 많이 들었거든요.

　이외에도 엑스선은 건축물의 철골 구조를 살피거나 유조선 같은 대형 구조물의 용접 부위를 검사할 때도 사용해요. 항공기와 자동차 엔진의 검사, 건전지의 결함이나 포장 식품류의 이물질 검사 등에도 엑스선이 사용되고 있답니다.

3. 〈모나리자〉의 비밀을 풀다!

　레오나르도 다빈치의 〈모나리자〉는 웃는 듯 마는 듯 보이는 오묘한 미소로 유명해요. 어떻게 그런 신비한 미소를 그렸는지 그 비밀을 엑스선으로 풀었답니다. 엑스선으로 분석해 보니 〈모나리자〉는 최대 30겹까지 덧칠해 자연스럽게 번지는 효과를 냈어요. 더 놀라운 것은 한 번 덧칠된 막의 두께가 머리카락의 절반가량인 40마이크로미터 이하였어요. 이렇게 아주 얇게 여러 번 덧칠했기 때문에 윤곽선이 뿌옇게 보이고, 웃는 것인지 무뚝뚝한 것인지 알 수 없는 수수께끼 같은 그림이 된 것이랍니다.

단 한 명의 생명이라도
더 구할 수 있다면

안전벨트를 만든 볼보와 닐스 볼린

★ 초등 교과 연계
과학 4-1 4. 물체의 무게
과학 5-2 4. 물체의 운동

안전벨트의 중요성을 모르던 그때

1950년 스웨덴의 한 도로에 자동차가 빠르게 달리고 있었어요. 크리스토퍼는 자동차 속도를 점점 올렸어요. 차가 빨라질수록 점점 더 흥분이 되었지요. 어느덧 고속도로의 끝에 다다랐어요. 포장되지 않은 도로가 시작되는 게 눈에 들어왔지요. 그러나 크리스토퍼는 속도를 줄이지 않았어요.

'그냥 이대로 달려 볼까? 요즘 자동차는 성능이 좋아져서 괜찮을 거야.'

포장되지 않은 도로 위에서 크리스토퍼는 엉덩이가 들썩였어요. 울퉁불퉁한 도로의 느낌이 그대로 전달되었지요. 그 느낌도 나쁘지 않았어요. 마치 놀이공원에서 놀이 기구를 타는 기분이 들었거든요.

달리다 보니 둥글게 구부러진 모퉁이가 나왔지만 크리스토퍼는 이번에도 속도를 줄이지 않고 핸들을 꺾었어요. 자동차 바퀴가 오른쪽으로 방향을 틀면서 모퉁이를 돌았어요. 그 순간 크리스토퍼가 균형을 잡지 못하고 휘청거렸어요. 몸이 왼쪽으로 심하게 기울어지며 핸들을 놓치고 말았지요.

"으아악!"

결국 자동차는 전봇대에 부딪쳤고 크리스토퍼는 밖으로 튕겨 나갔어요.

다행히 근처에 사고를 목격한 사람들이 있어서 빨리 병원으로 옮겨질 수 있었어요.

"머리와 폐를 크게 다쳤어요. 빨리 수술에 들어가야 해요."

의사가 크리스토퍼의 상태를 말하고는 서둘러 수술실로 들어갔어요. 크리스토퍼는 빠른 치료로 다행히 목숨을 구할 수 있었지요.

크리스토퍼를 치료한 의사는 고민이 깊어졌어요. 병원에서 교통사고로 사망하는 환자들이 계속 늘어났기 때문이에요.

"자동차 성능이 좋아지면서 교통사고로 생기는 부상은 오히려 더 심각해지고 있어. 이대로 가다가는 목숨 걸고 자동차를 타야 할지도 모르겠어."

더 안전한 안전벨트를 위하여

1955년에 볼보 자동차에 부임한 군나르 엥겔라우 대표 이사는 안전벨트의 중요성을 잘 알고 있었어요. 그의 작은아버지가 교통사고로 세상을 떠났기 때문이에요. 그가 작은아버지의 사고 소식을 듣고 서둘러 응급실로 달려갔을 때, 작은아버지의 몸에는 이미 하얀 천이 덮여 있었어요.

"안전벨트가 제대로 작동했더라면……."

엥겔라우가 울먹이며 말했어요. 엥겔라우 대표는 더 안전한 안전벨트를 만들겠다고 결심했어요.

당시에도 안전벨트는 있었어요. 비행기 조종사를 위한 안전벨트가 사용되고 있었거든요. 시속 130킬로미터로 달릴 수 있는 도로인 '아우토반'을 이용하는 운전자들도 개인적으로 의자 양

옆에 몸을 고정시키는 안전장치를 만들어 사용하고 있었어요.

　그러나 초기의 안전벨트는 피해를 줄이는 효과가 미미했어요. 꽉 조이면 너무 불편하고, 느슨하게 매면 몸을 제대로 고정해 주지 못했지요.

　엥겔라우 대표는 미국에서 자동차의 안전성 강화 연구를 하던 헌터 셸든 박사의 안전벨트에 대한 논문을 읽고, 서둘러 자동차에 맞는 안전벨트를 개발하라고 지시했어요. 하지만 임원들이 반대했어요.

　"지금의 안전벨트로도 충분합니다. 새로운 안전벨트를 만들려면 비용이 많이 들 겁니다. 그렇게 되면 자동차 값이 더 비싸질 테고 소비자들이 외면할 거예요."

그러나 엥겔라우 대표의 의지는 확고했어요.

"소비자는 안전하지 못한 자동차를 외면할 겁니다. 사고 위험이 지금의 절반으로 줄어든다면 판매가 늘어날 거라고 확신합니다. 지금 안전벨트는 허리 부분만 고정해 주기 때문에 머리나 가슴이 다칠 위험이 큽니다. 이 문제를 반드시 해결해야 해요."

회사 직원들은 더 이상 반대할 수 없었어요. 안전벨트 기술자를 찾기 위해 바쁘게 움직였지요. 여러 후보 중에서 엥겔라우 대표의 눈에 띄는 사람이 있었어요. 비행기 안전 기술자인 닐스 볼린이었어요.

"당신이 전투기 안전장치를 개발했다고 들었습니다. 자동차에도 자동차에 맞는 안전벨트가 필요합니다. 도와주십시오."

닐스 볼린은 직접 찾아온 엥겔라우 대표에게서 간절함을 느끼고 그 자리에서 바로 그러겠다고 대답했지요.

이후 닐스 볼린은 볼보 자동차에서 안전벨트 연구를 시작했어요. 충돌 시험도 여러 번 했어요. 그리고 충돌이 발생할 때 운전자들의 머리와 가슴이 운전 핸들에 부딪친다는 사실을 알게 되었어요.

'충돌이 생겼을 때 상체가 앞으로 나가지 못하도록 막아야겠군.'

오랫동안 연구했지만 아이디어는 떠오르지 않았어요. 그때 문득 '조종사 안전벨트는 어떨까?'라는 생각을 했어요. 자신이 항공사 엔지니어로 일하던 시절을 떠올렸던 거예요. 볼린은 그때의 안전벨트를 응용해 보기로 했어요. 전투기 조종사의 몸을 고정시켜 주는 벨트 모양을 자동차 운전자에 맞도록 조절했지요.

드디어 그는 3점식 안전벨트를 만들었어요. 지금 우리가 사용하는 안전벨트와 거의 비슷한 형태였지요. 가슴 앞으로 띠를 둘러 고정하고, 벨트를 허리 위로 가로질러 끼우는 방식이에요. 가슴만 고정하거나 허리만 고정하는 방식인 2점식 벨트와 비교하면 안전성이 아주 강화된 형태였어요.

개발 소식을 듣고 달려온 엥겔라우 대표는 안전벨트를 보고 크게 실망했어요.

"너무 단순하지 않나? 이런 게 어떻게 안전을 지켜 줄 수 있지?"
"이것으로도 충분합니다. 상반신과 허리를 가로지르는 벨트로 가슴과 엉덩이를

고정시키면 몸이 앞으로 쏠리거나 차 밖으로 튕겨 나가는 것을 막을 수 있지요. 또, 한 손으로 착용하기도 쉽습니다. 직접 착용해 보십시오."

엥겔라우 대표는 직접 자동차 안에서 안전벨트를 착용해 봤어요. 볼린의 말 그대로였어요.

기업도 때로는 사회에 기여해야 한다니네!

닐스 볼린이 3점식 안전벨트를 개발하자마자 볼보 자동차는 특허를 받았어요. 그리고 3점씩 안전벨트의 안전성을 홍보했지요. 하지만 사람들은 믿지 않았어요.

"차를 더 팔아먹으려는 수법이야."

"차를 천천히 몰면 되지. 굳이 자동차에 안전벨트를 만들 필요가 있어? 괜히 자동차 값이나 더 비싸지지."

사람들의 반응을 들은 엥겔라우 대표는 직원들에게 객관적인 자료를 만들라고 지시했어요.

이후 볼보 자동차에서는 3점식 안전벨트에 대한 다양한 실험을 실시했어요. 특히 다양한 형태의 안전벨트를 이용하여 미끄러짐 시험과 충돌 시험을 했지요. 그 결과 볼보의 3점식 안전벨트가 탑승자에게 최고의 보호 기능을 하는 것으로 나타났어요.

그 뒤로 3점식 안전벨트를 자동차에 설치하려는 움직임이 시작되었어요. 그런데 특허가 있다 보니 다른 자동차 회사에서는 3점식 안전벨트 도입을 주저했어요. 특허료를 지불하면 자동차 값이 볼보 자동차보다 비싸져서 경쟁력이 떨어질 수밖에 없었거든요. 이런 이유로 모두들 한동안 자동차 시장에서 볼보 자동차가 가장 잘 팔릴 거라고 예상했어요. 그러나 엥겔라우 대표 생각은 달랐어요.

"볼린, 자네는 안전벨트에 특허가 있는 것이 좋겠지? 특허 자체는 볼보 소속이지만, 개발자인 자네에게도 특허료에 따른 이익이 돌아가니까 말이야."

엥겔라우 대표는 닐스 볼린을 대표 이사 사무실로 부르더니 뜬금없이 특허 이야기를 꺼냈어요. 하지만 볼린은 엥겔라우 대표의 마음을 눈치채고 있었어요. 기업도 때로는 사회에 기여해야 한다는 엥겔라우 대표의 철학을 잘 알고 있었거든요.

볼린은 미소를 지으며 말했어요.

"제 대답은 대표님 마음과 같습니다. 저는 볼보에서 충분히 급여를 받기 때문에 더 큰돈은 필요 없습니다. 한 명의 생명이라도 더 구할 수 있다면 그보다 큰 보람은 없지요."

"고맙네."

"고맙기는요? 안전벨트가 사람을 구하려고 만든 기술이지, 돈 벌려고 개발한 것은 아니잖아요. 지금 대표님이 생각하시는 그 마음을 실천하는 게 맞는 것 같습니다."

엥겔라우 대표는 볼린의 말에 힘이 났어요. 며칠 동안 결정을 내리지 못해 고민하고 있었거든요.

다음 날, 엥겔라우 대표는 특허권을 풀어 주라고 지시했어요. 하지만 임원들이 반대하고 나섰어요.

"기업이 자선 단체입니까? 이익을 낼 수 있는 기회를 버리다니요?"

"연구 비용이 얼마나 들었는지 아십니까? 대표가 어떻게 회사 생각을 안 하십니까?"

"볼보 자동차는 주식을 가진 주주들이 주인입니다. 주주들이 이 소식을 듣고 가만있을 것 같습니까? 대표님을 대표 자리에서 물러나게 할 수도 있다고요."

그러나 엥겔라우 대표는 더 큰 것을 봐야 한다고 생각했어요.

"여러분, 특허를 포기한다고 우리의 이익이 줄어들 거라고 생각하십니까? 물론 특허로 얼마 동안은 이익을 얻을 수 있겠지요. 하지만 다른 회사에서도 곧 비슷한 안전벨트를 만들어 낼 겁니다. 그때 우리 회사 이미지가 어떻게 될까요? 생명을 가지고 장사하는 나쁜 기업이 되어 있을지도 모릅니다."

반대하던 임원들은 그 말에 움찔했어요.

"하지만 우리가 특허를 포기한다면 그 반대일 겁니다. 사람들은 볼보를 생명을 위해 이익을 포기하는 기업, 사회에 기여하는 기업으로 인식할 겁니다. 물론 이 결정은 기업 이미지 때문만은 아닙니다. 생명 앞에서 이익이 우선시되어서는 안 된다는 철학 때문이지요. 좋은 이미지는 그다음에 따라오는 결과이고요."

마침내 임원들이 고개를 끄덕였어요.

볼보 자동차의 안전벨트 특허 개방으로 많은 사람들의 목숨을 구할 수 있었어요. 안전벨트가 탑승자의 안전에 큰 도움이 되다는 것이 입증되자 세계 여러 나라에서는 자동차를 탈 때 안전벨트를 꼭 매도록 법으로 정했지요. 우리나라에서도 1986년에 자동차 전용 도로에서 안전벨트를 꼭 착용하도록 법으로 정해졌어요.

좀 더 알아볼까요?

1. 관성의 법칙을 이용한 안전벨트

안전벨트는 관성의 법칙을 이용해서 만든 장치예요. 관성의 법칙은 외부에서 힘이 가해지지 않는 한 모든 물체는 자기의 운동 상태를 그대로 유지하려 하는 성질을 말해요. 정지한 물체는 영원히 정지한 채 있으려 하고, 움직이던 물체는 계속 움직이려 하는 성질이지요.

그렇다면 이 법칙은 안전벨트에 어떻게 적용되고 있을까요? 안전벨트는 평소에는 잠금장치가 잘 풀려요. 그런데 사고가 발생하면 그

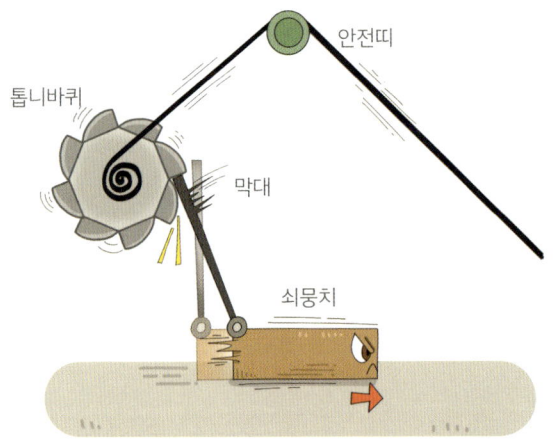

① 자동차가 갑자기 정지하면 쇠뭉치가 관성에 의해 자동차의 진행 방향으로 밀려나요.

② 쇠뭉치가 앞으로 이동하면 막대가 톱니바퀴에 걸리면서 톱니바퀴의 회전을 막아요.

③ 톱니바퀴의 회전이 멈추면 안전띠가 더 이상 풀리지 않아 사람의 몸을 고정시켜 주지요.

잠금장치가 풀리지 않게 하는 장치가 있어요. 바로 무게 추예요. 무게 추가 앞으로 쏠리면 안전벨트 풀림을 잠그게 돼요. 무게 추가 그대로 있으려는 관성의 법칙을 이용한 것이지요.

경사로 같은 곳에서 안전벨트가 풀리지 않는 것도 같은 이유 때문이에요. 자동차 안에 타고 있던 사람들 몸이 앞으로 쏠리긴 하지만 중심을 잡지 못해 이리저리 흔들리지는 않아요. 그대로 있으려는 성질을 가진 무게 추가 앞으로 기울어진 사람들을 밖으로 빠져나오지 못하게 단단히 고정하기 때문이지요.

2. 안전벨트의 역사

안전벨트는 비행기에서 처음 사용되었어요. 1900년대 초반의 비행기는 지금처럼 빠르지 않았어요. 프로펠러형 비행기로, 뚜껑도 없었지요. 그래서 조종사가 전투기를 몰고 뱅글뱅글 도는 곡예비행을 할 때는 떨어지기도 했답니다. 1913년 독일의 비행가인 칼 고타가 이 문제를 해결하기 위해 안전벨트를 도입했어요. 그리고 제2차 세계 대전 이후에는 비행기에 기본적으로 장착되기 시작했지요.

자동차에 안전벨트를 도입한 것은 1930년대였어요. 당시 전쟁을 겪으면서 자동차 성능은 더욱 발전했어요. 빨리 달리다 보니 웅덩이나 장애물을 만나면 자동차 안의 사람이 튕겨 나가는 일도 많았지요. 그래서 레이싱을 하던 사람들은 스스로 안전벨트를 만들어 달기도 했어요.

그러다가 1935년 독일에 무제한 속도를 내는 아우토반이 건설되면서 레이서들이 안전벨트를 공식적으로 달기 시작했어요. 당시의 안전벨트는 2점식이었어요. 2점식 안전벨트는 허리만 두르거나 가슴만 두르는 형태예요. 2점식 안전벨트에 대해 소문이 나면서 거의 모든 차에 적용되기 시작했어요.

3. 자동차의 또 다른 안전장치

자동차가 많아지고 속력이 높아지면서 사람들은 안전장치에 관심을 갖기 시작했어요. 어떤 것들이 있는지 알아볼까요?

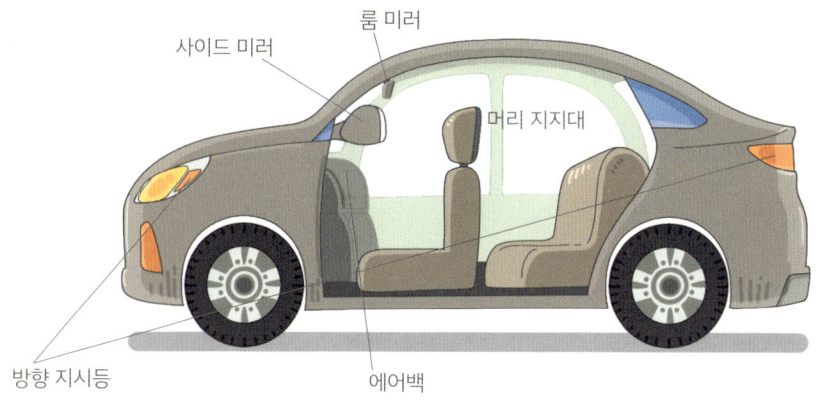

자동차 앞 좌석 유리창에 보면 '룸 미러'라는 작은 거울이 달려 있어요. 1911년에 발명된 것인데, 뒤에 오는 차량을 확인하기 위해 장착되었어요. 또, 자동차의 앞뒤에는 어둠을 밝히는 전등 말고 깜빡이는 전구가 양쪽에 있어요. 이 전구는 뒤에 오는 차량과의 충돌을 막기 위해 1914년에 발명된 '방향 지시등'이에요. 자동차 양쪽 바깥에 달린 '사이드 미러' 역시 다른 자동차와의 충돌을 막기 위해 1940년부터 장착되었지요.

1968년에는 자동차 시트에 머리 지지대가 만들어졌어요. 머리 지지대는 차량이 충돌할 때 목이 뒤로 젖혀지는 것을 막아 주기 때문에 탑승자의 안전에 큰 역할을 해요. 또 교통사고가 발생하면 압축된 공기 주머니가 자동으로 터져 나와 운전자를 보호하는데, 이것을 '에어백'이라고 해요. 1970년에 장착되었지만 기술이 완벽하지 않아 1981년에야 제대로 기능을 발휘할 수 있었답니다.

해커의 정신으로 무료로 공개합니다

리눅스 운영 체제를 개발한 리누스 토르발스

★ **초등 교과 연계**
실과 6(교학사)   5. 발명과 로봇
실과 6(금성)   4. 발명과 로봇
실과 6(동아)   5. 발명과 로봇
실과 6(미래엔)   4. 발명과 로봇

밤마다 창문을 넘었던 해커들

"쉿, 조용조용 넘어와!"

1950년대부터 매사추세츠 공과 대학에서 컴퓨터가 있는 연구실은 밤이 되면 창문이 자주 열렸어요. 마치 도둑처럼 들어오는 이들은 사실 이 대학의 학생들이었어요. 1970년이 되어서도 비슷했어요.

그때만 해도 컴퓨터가 귀한 시절이었어요. 대학에서조차 학생들이 마음대로 사용할 수 없었어요. 하지만 새로운 것에 대한 호기심이 가득했던 공과 대학 학생들은 몰래 컴퓨터를 켜서 직접 프로그램을 만들었어요.

그들은 자신들을 해커라고 불렀어요. 당시의 해커는 요즘과 다르게 학교 컴퓨터 프로그램을 망치지도 않았고, 중요한 정보를 빼 가는 일도 하지 않았어요. 컴퓨터는 그저 호기심의 대상일 뿐이었지요.

1972년 매사추세츠 공과 대학 학생이었던 해리와 루카스도 밤이 되면 도둑처럼 창문을 통해 컴퓨터가 있는 연구실로 들어갔어요. 블록처럼 떨어지는 단어를 사용자가 맞히면 물고기가 먹는 게임을 만들기 위해서였어요. 이 게임은 아이들이 스스로 글자를 읽을 수 있도록 하는 프로그램이었어요.

두 사람은 밤마다 만나서 프로그램을 짰어요. 낮에는 종이에 컴퓨터 프로그램 언어를 적으며 어떻게 게임을 운영할 것인지 이야기했어요. 그렇게 1년 동안 프로그램을 만들어 실행했더니 게임이 성공적으로 작동했어요. 해리와 루카스는 반응을 보기 위해 해커들이 이용하는 네트워크 게시판에 프로그램을 올렸어요. 누군가가 프로그램의 문제점을 지적해 줄 수도 있으니까요.

해커들은 놀라워했고, 돈을 받고 팔라는 사람도 있었어요. 그

러나 해리와 루카스는 그럴 수 없었어요. 자신들은 해커니까요.

이제까지 컴퓨터 프로그램을 공짜로 쓰던 사람들이 프로그램을 만들었다고 돈을 받을 수는 없었지요.

하지만 머지않아 해리와 루카스는 그 프로그램을 버려야 했어요. 해리와 루카스가 이용하는 운영 체제 업체가 돈을 받기 시작했거든요. 운영 체제는 하드웨어와 응용 소프트웨어를 연결하여 사용자가 컴퓨터를 사용할 수 있도록 중재 역할을 해 주는 소프트웨어예요. 그 운영 체제가 있어야만 프로그램을 실행할 수 있기 때문에, 돈을 주고 운영 체제를 산 사람만이 프로그램을 사용할 수 있게 된 거지요. 하지만 당시에는 운영 체제를 개인적으로 돈을 주고 사는 사람은 거의 없었어요. 국가 기관이나 기업에서 컴퓨터 사용을 위해 구매할 뿐이었죠.

해리와 루카스는 마음이 아팠어요. 열심히 만든 것이 세상에서 빛을 보지 못한 것도 안타까웠고, 자신들의 노력이 물거품이 된 것 같아 아쉬웠지요. 다른 해커들도 해리와 루카스를 위로하며 걱정하는 목소리를 냈어요.

"앞으로 컴퓨터 프로그램에 돈을 받는 시대가 올지도 모르겠어요."

그냥 재미로 시작한 컴퓨터

1988년 헬싱키에 살던 리누스 토르발스는 한동안 방 밖으로 나오지 않았어요. 부모님은 하루 종일 컴퓨터만 보는 아들이 직장도 못 구하고 폐인이 될까 봐 조마조마했어요.

리누스는 초등학교에 들어갈 무렵부터 할아버지에게 컴퓨터 프로그램을 배워 프로그램을 아주 잘 만들었어요. 게임이 움직이는 것만 보고도 그 게임 프로그램을 똑같이 만들어 낼 정도였지요.

그런 리누스에게 위기가 찾아왔어요. 기업이 운영 체제 프로그램을 돈을 받고 팔기 시작했거든요. 운영 체제가 없으면 부팅이 되지 않기 때문에 컴퓨터 자체를 쓸 수가 없었어요. 리누스도 프로그램을 짜려면 운영 체제 프로그램을 사야 했지요. 그러나 학생이 사기에는 운영 체제 값이 너무 비쌌어요.

그나마 다행인 것은 완벽하지는 않지만 교육용 운영 체제를 무료로 쓸 수 있게 해 주었다는 점이었어요. 하지만 리누스는 이것에 만족할 수 없었어요. 뭔가 방법을 찾아야만 했어요.

그러던 어느 날, 리누스는 헬싱키 대학 게시판과 자신의 컴퓨터를 연결하고 싶어서 프로그램을 만들기 시작했어요. 당시에는 인터넷이 없어서 내 컴퓨터를 다른 컴퓨터와 연결하려면 별도의 프로그램을 짜서 전화선으로 연결해야 했어요.

   그때부터 리누스는 방에 틀어박힌 채 프로그램을 만들었어요. 쉽지 않은 일이었지만 리누스는 결국 헬싱키 대학 게시판과 자신의 컴퓨터를 연결했어요. 헬싱키 대학 게시판과의 연결은 꽤나 도움이 되는 일이었어요. 게시판을 통해 모르는 것을 물어

볼 수 있어서 프로그램 공부를 더 깊게 할 수 있었지요. 얼마나 질문을 많이 했는지, 헬싱키 대학 게시판에서 리누스를 모르는 사람이 없을 정도였어요.

리누스는 헬싱키 대학 게시판을 좀 더 쉽게 연결하는 방법도 찾아냈어요. 헬싱키 대학 게시판은 유익한 정보가 많이 오가는 곳이어서 더 많은 사람이 참여하면 좋겠다고 생각했기 때문이지요. 그때 생각한 것이 자유 소프트웨어 운동이었어요.

'모두에게 열려 있는 운영 체제를 만든다면 많은 사람들이 헬싱키 대학 게시판에 접속할 수 있을 거야. 그러면 더 쉽게 계산할 수 있는 프로그램, 더 재미있는 게임 프로그램을 만드는 사람도 많아질 거야!'

리누스는 다시 프로그램 만들기에 몰두했어요. 밤을 꼬박 새우는 날이 많아졌어요. 방에 틀어박혀 컴퓨터만 들여다보니 어깨도 아프고 두통도 심해졌어요. 그래도 쉴 수 없었어요. 한 줄 한 줄 운영 체제 프로그램을 만들어 갈 때마다 달라질 세상이 더 궁금해졌거든요. 리누스는 컴퓨터가 지금과는 다른 사회를 만들 거라고 확신했어요.

프로그램을 완성한 날, 리누스는 헬싱키 대학 게시판에 자신의 이름을 딴 리누스 프로그램을 올렸어요.

'내 프로그램에 대해 어떻게 생각할까? 바보 같다고 할까?'

리누스는 떨렸어요. 게시판에서 리누스가 만든 프로그램을 내려받는 사람 수가 점점 늘어났어요.

다음 날 새벽, 리누스는 게시판에 접속했어요.

"리누스, 이 프로그램 멋지다! 오류가 있는 부분을 메일로 보낼게. 참고해."

"대박이야! 이 프로그램은 단순한 연결 프로그램이 아니야. 운영 체제야. 리누스, 이거 돈 받고 팔면 엄청 부자 되겠어."

리누스는 게시판 댓글에 기뻐하며 자신의 마음을 담은 글을 게시판에 올렸어요.

"이 게시판에 머물고 있는 사람 대부분은 해커입니다. 여러분들이 도움을 주지 않았다면 저는 결코 리눅스를 만들지 못했을 겁니다. 그래서 저는 해커의 정신인 자유 소프트웨어 운동에 동참하려고 합니다. 리눅스는 무료로 공개할 것입니다. 다만 자유 소프트웨어 운동에 따라 리눅스를 사용한 사람은 자신이 만

든 프로그램 내용도 모두 공개해야 합니다."

스티브 잡스의 제안을 거절하다

리눅스 공개 이후 리눅스를 사용하는 프로그래머들이 점점 늘어났어요. 리눅스는 어떤 프로그램과도 충돌하지 않는 장점이 있어서 컴퓨터 프로그램을 만드는 사람들 사이에서 인기가 좋았어요. 리눅스는 IT 기업 사이에서도 유명해졌어요.

그러던 어느 날, 리누스는 하나의 메일을 받았어요. 스티브 잡스가 보낸 메일이었어요. 리누스는 기쁘면서도 스티브 잡스가 자신을 왜 보고 싶어 하는지 궁금했어요.

약속한 날, 그는 청바지에 검은 티셔츠를 입은 스티브 잡스를 만났어요. 스티브 잡스가 말했어요.

"리눅스는 희망이 없어요. 컴퓨터 운영 체제의 중심은 마이크로소프트와 애플이 될 거니까요. 어때요? 리눅스와 애플이 손을 잡으면 지금보다 더 멋진 운영 체제가 될 것 같은데. 우리와 일해 보지 않을래요?"

리누스는 당황했어요. 애플과 일하게 되면 리눅스를 지금처럼 무료로 나눠 줄 수가 없기 때문이었어요. 결국 리누스는 어떤 대답도 하지 않았어요.

리누스는 집으로 돌아오는 길에 많은 생각을 했어요.

'내가 리눅스를 돈을 받고 팔면 큰돈을 벌겠지. 애플과 마이크로소프트도 운영 체제로 돈을 벌고 있잖아. 하지만 그럴 수 없어. 모두가 돈을 받고 운영 체제를 제공하면 돈 있는 사람만 컴퓨터와 네트워크의 편리함을 사용할 수 있잖아. 컴퓨터 세상은 모두에게 공평해야 해. 컴퓨터를 통해 더 많은 사람들이 좋은 프로그램을 만들고 이용할 수 있어야 해! 꼭 자유 소프트웨어 운동이 아니더라도 리눅스는 모두에게 열려 있어야 해.'

리누스가 자유 소프트웨어 운동에 참여하면서 자유 소프트웨어 운동은 더욱 힘을 얻었어요. 당시 자유 소프트웨어 단체에서 오픈 프로그램을 만들었는데, 특허권 걱정 없이 사용할 수 있는 운영 체제가 없었거든요. 리누스가 자유 소프트웨어 운동의 가장 중요한 문제를 해결한 거지요.

리누스는 스티브 잡스와의 만남 이후, 더 이상 숨어 있는 해커가 되어서는 안 되겠다고 판단했어요. 오히려 앞으로 나서서 자신의 확고한 생각을 다른 사람들에게 알려야겠다고 생각했지요. 마침 라스베이거스 무역 박람회에서 연설 요청이 들어왔어요. 리누스는 박람회에 참석하기로 결심했어요.

무역 박람회 날, 리누스가 강단 위로 올라가자 박수와 환호가 쏟아졌어요.

"당신은 우리의 영웅입니다!"

누군가의 외침에 리누스는 미소를 지으며 말했어요.

"해커 정신이 컴퓨터의 역사를 발전시키는 겁니다. 처음 리눅스를 만들었을 당시 프로그램 운영 명령어가 1만 줄이었지만 지금은 1천만 줄을 넘어갈 정도로 정교해졌습니다. 다른 해커들의 도움이 없었다면 불가능했을 겁니다. 그래서 저는 계속 해커 정신을 이어 나갈 생각입니다. 자유 소프트웨어 정신으로 계속 리눅스를 지켜 나갈 것입니다."

리누스의 연설에 사람들은 다시 한번 박수를 보냈어요. 리누스는 그들을 보며 리눅스를 자유 소프트웨어 정신을 대표하는 프로그램으로 만들겠노라고 다짐했어요.

좀 더 알아볼까요?

1. 소프트웨어의 소스 공개에 대한 서로 다른 주장

　컴퓨터가 아주 귀하던 시절에 해커는 지금의 해커와 의미가 달랐어요. 당시 해커들은 컴퓨터 프로그램인 소프트웨어를 이리저리 사용해 보기도 하고 고쳐 보기도 했어요. 그러다 문제점을 발견하면 소프트웨어를 수정해서 더 좋게 만들었어요. 해커들이 소프트웨어 프로그램을 발전시키는 역할을 한 것이지요.

　리처드 스톨먼도 MIT 인공 지능 연구소의 해커였어요. 그는 해커였기 때문에 운영 체제와 같은 소프트웨어는 공개해야 하고 공유해야만 한다는 입장이었어요. 기업이나 개인이 독점하면 컴퓨터의 편리성을 독점하게 되는 거라고 주장했지요. 지식과 정보도 돈을 가진 사람만 이용할 수 있게 되므로 불평등을 유발할 거라고 지적했어요.

　그러나 스톨먼의 주장과는 반대로 점점 비용을 지불해야만 사용할 수 있는 소프트웨어가 늘어났어요. 스톨먼은 고민 끝에 '소프트웨어를 만든 기본 코드인 소스를 공개해 더 많은 사람들과 이익을 공유하자.'라는 자유 소프트웨어 운동을 시작했어요.

　반면 빌 게이츠는 리처드 스톨먼과 생각이 달랐어요. 하버드 대학생 시절 빌 게이츠는 이미 개인 컴퓨터 시대를 예감했어요. 그는 다양한 소프트웨어가 필요하다고 생각해 남들보다 먼저 개발에 나섰어요. 그리고 마이크로소프트 회사를 설립해서 IBM 회사에서 만드는 개인용 컴퓨터의 운영 체제 개발을 의뢰받아 프로그램을 만들었어요. 그것이 바로 MS-도스(DOS)예요. 검정색밖에 나오지 않는 화면에 명령어를 입력해서 프로그램을 움직이게 하는 운영 체제였지요. MS-도스가 발전하여 지금의 윈도우가 만들어졌답니다.

빌 게이츠는 소프트웨어의 소스를 공개하고 무료로 배포하는 것에 반대하는 사람이에요. 소프트웨어는 발명자의 재산이기 때문에 보호받아야 한다는 게 그의 생각이지요. 빌 게이츠의 이런 주장은 소프트웨어 산업에 크게 영향을 미쳤어요. 걸음마 수준이었던 소프

트웨어 산업이 크게 도약할 수 있도록 토대를 닦았으니까요. 그리고 빌 게이츠의 주장 이후 '아이디어는 보호되어야 한다.'라는 생각에 동의하는 사람도 점점 많아졌어요.

2. 오픈 소스는 무엇일까?

　오픈 소스는 만든 사람의 허락을 받지 않고서도 사용할 수 있도록 공개된 프로그램 코드예요. 그래서 자유 소프트웨어 운동을 '소스를 모두 공개한다.'라는 의미인 오픈 소스 운동이라고 불러요. 지식 재산권의 의미인 카피라이트(copyright)의 반대로 카피레프트(copyleft)라고 부르기도 해요.

　하지만 자유 소프트웨어 재단에서 주장하는 오픈 소스는 조금 의미가 달라요. 오픈 소스는 누구나 사용할 수 있지만 오픈 소스를 이용하는 사람이나 기업은 자신의 창작물도 공개해야 한다는 조건이 있거든요. 자신의 제품과 창의적 아이디어도 무료로 누구나 사용할 수 있도록 해야 한다는 뜻이지요. 공짜인 듯하지만 공짜가 아닌 것이 오픈 소스라고 할 수 있답니다.

3. 안드로이드를 개발한 앤디 루빈

　앤디 루빈은 애플에서도 일하고 마이크로소프트에도 다녔어요. 그런데 애플 컴퓨터에는 맥 오에스(Mac OS) 운영 체제가 깔려 있고, 그 외의 컴퓨터에는 마이크로소프트의 윈도우 운영 체제가 독점적으로 깔려 있었지요.

　앤디 루빈은 소프트웨어가 독점되면 소비자가 손해를 보게 된다고 생각해 회사를 그만두고 운영 체제 프로그램을 개발했어요. 그리고 구글로부터 투자를 받아 안드로이드라는 오픈 소스 운영 체제를 만들었지요. 안드로이드는 휴대폰에 사용하는 운영 체제예요. 애플에 이어 휴대폰을 만들던 회사에서는 거의 모두 안드로이드를 기본 운영 체제로 선택했어요.

세균 감염을 막는 최초의 항생제

페니실린을 약으로 개발한 하워드 플로리와 언스트 체인

★ 초등 교과 연계
과학 5-1 5. 다양한 생물과 우리 생활
과학 6-2 4. 우리 몸의 구조와 기능

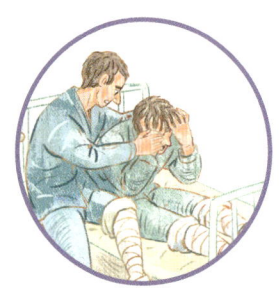

다른 치료제는 없나요?

"저, 괜찮아지겠죠?"

다리에 총상을 입은 에픽이 의사에게 물었어요.

제1차 세계 대전이 일어났을 때 전쟁터에서는 대포와 총에 다치는 사람이 셀 수 없을 정도로 많았어요. 에픽도 그중 한 명이었어요.

"소독을 했으니 괜찮아질 겁니다."

에픽은 하루하루 버티다 보면 꼭 나을 거라고 생각했어요. 그런데 통증은 점점 더 심해졌고 열도 나기 시작했어요. 게다가 몸에서 이상한 냄새가 나기 시작한 뒤로는 다리의 감각이 점점 사라졌어요.

의사가 에픽의 다리를 살피며 말했어요.

"다리에 상처가 아물지 않고 있습니다. 오히려 살이 썩어 가고 있어요."

"그러면 어떻게 해야 하나요?"

의사는 에픽을 물끄러미 쳐다봤어요. 그리고 크게 한숨을 내쉬더니 어렵게 말을 꺼냈어요.

"다리를 절단해야 합니다. 현재로서는 살이 썩는 것을 막을 치료제가 없어요."

에픽은 너무 놀란 나머지 눈물만 뚝뚝 흘렸어요. 다리를 절단한다는 건 두 발로 걸을 수도 없고 고향으로 돌아가도 예전처럼 농사일을 할 수 없다는 말이었어요. 에픽은 결국 엉엉 소리를 내면서 울었어요. 그러고는 물었어요.

"꼭 그 방법밖에 없나요? 다른 치료제는 정말 없는 건가요?"

"더 이상 살이 썩지 않게 막아야 해요. 서두르지 않으면 곪은 상처 부위가 넓어지게 되고, 그러면 다른 곳도 절단해야 할지 몰라요. 자칫하면 죽을 수도 있어요."

"곪은 상처를 아물게 하면 되잖아요."

"그러려면 상처의 세균을 없애야 하는데 그런 약이 없어요."

에픽의 질문에 의사도 힘들게 대답했어요.

"시간을 좀 주세요."

"오래 두면 더 나빠집니다. 하루빨리 결정하셔야 해요."

의사는 에픽의 다리를 한 번 더 보더니 병실을 나갔어요.

에픽은 눈물이 멈추지 않았어요. 병상에 누워 있던 다른 군인들도 에픽을 섣불리 위로할 수가 없었어요. 특히 총상을 입은 군인들은 자신도 에픽과 같은 처지가 될 수 있다는 생각에 마음이 무거웠어요.

그때 목발을 짚은 스탠리가 에픽에게 다가왔어요. 그는 침대 위에 앉더니 에픽을 따뜻하게 안아 주었어요.

"지금 어떤 마음인지 알아요. 하지만 우리가 지금 이 선택을 하지 않으면 가족들은 당신을 잃게 될 거예요. 그러니까 힘을 내요."

스탠리의 위로에 에픽의 울음소리는 더더욱 커졌어요.

부상당한 군인들을 구하라!

"플로리 교수, 혹시 이 논문 보셨어요?"

1935년 옥스퍼드 대학에서 하워드 플로리 교수와 함께 세균 연구를 하던 언스트 체인 박사가 논문 하나를 펼쳤어요.

"푸른곰팡이 옆에서는 세균이 번식하지 않는다는 플레밍 박사의 논문이군요. 좋은 연구지만 푸른곰팡이에서 페니실린을 뽑아낼 수 없으면 유용한 연구가 되지 못하지요."

"하지만 그 방법을 찾는다면 다치거나 상처가 나도 불안해할 필요가 없을 거예요. 상처의 세균을 없애 치료할 수 있을 테니까요. 체인 박사, 우리가 그 연구를 해 보면 어때요?"

플로리 교수의 제안에 체인 박사는 잠시 생각에 잠겼어요.

"좋아요. 우리가 푸른곰팡이에서 페니실린을 뽑아낼 방법을 찾아봅시다."

그 뒤 두 사람의 연구팀은 페니실린 추출 방법을 찾기 위해 밤낮없이 연구에 매달렸어요. 쥐를 대상으로 한 실험은 성공적이었어요.

이 소식을 들은 영국 정부에서 플로리 교수와 체인 박사에게 사람을 보냈어요. 당시는 제2차 세계 대전 중이어서 부상자들이 많이 생겨나고 있는 상황이었지요.

"지금 우리는 독일에 밀리고 있습니다. 자칫하면 독일이 영국을 지배할 수도 있어요. 문제는 부상으로 죽거나 팔다리를 잃는 병사가 많다 보니 다른 병사들도 두려움 때문에 전투에 적극

적으로 나서지 않는다는 점입니다. 만약 교수님 연구팀에서 페니실린 개발에 성공한다면 우리 군사들은 부상에 대한 두려움 없이 전쟁에 임할 수 있을 것입니다."

"그럴 수만 있다면 좋겠지만 이제 겨우 동물 실험에 성공했을 뿐입니다. 사람에게 사용하려면 쥐에 투입하는 것보다 최소 3천 배 이상의 페니실린이 필요합니다. 그 정도의 양을 구하려면 아주 많은 푸른곰팡이를 배양해야 하는데, 이것부터가 어렵습니다."

플로리 교수가 현재의 상황을 설명했어요.

"우리 정부와 미국 정부에서 도와 드리죠. 개발비가 얼마가 되든 지원하겠습니다."

두 사람은 고민에 빠졌어요. 페니실린이 개발되면 더 많은 군인들이 전쟁터로 끌려갈 것만 같았거든요. 하지만 결국 두 사람은 정부의 제안을 받아들이기로 했어요. 군인들이 전쟁터로 가지 못하게 막을 수는 없지만, 부상을 당하더라도 건강을 되찾을 수 있게 도와야 한다고 생각했지요.

플로리 교수는 대학 실험실을 페니실린 공장으로 만들었어

요. 세척하고 소독한 환자용 변기에 배양액을 넣은 다음, 여기에 분무기로 페니실린 포자를 뿌렸어요. 그리고 이것을 환자 운반차를 이용해 학생들의 실습실로 옮겼어요. 그곳에서 며칠 동안 배양한 다음 곰팡이 밑에서 페니실린이 담긴 액체를 빨대처럼 생긴 흡입관을 통해 뽑아냈지요. 많은 페니실린을 만들기 위해서는 이런 과정을 여러 번 반복해야 했어요.

1941년 어느 날, 한 경찰관이 페니실린 이야기를 듣고 플로리 교수와 체인 박사를 찾아왔어요. 면도를 하다가 얼굴을 베였는데 세균 감염이 되었다고 했어요. 경찰관의 얼굴에서는 고름이 흘러내리고 있었어요. 얼굴 일부가 썩어 가는 게 보였지요.

플로리 교수와 체인 박사는 동물 실험밖에 해 보지 않았던 터라 그에게 선뜻 페니실린을 투여할 수는 없었어요. 그러나 그대로 두면 세균 때문에 사망할 것이 분명했어요. 결국 두 사람은 경찰관에게 페니실린을 투여하기로 하고 세 시간마다 주사를 놓았어요. 첫째 날부터 확연하게 나아지는 게 보였지요. '눈으로 옮겨 간 고름이 많이 사라졌고, 불덩이 같던 체온도 정상이 되었어요.

"다행이야. 희망이 보여."

"첫 임상부터 큰 성공이 될 것 같아요. 굳이 다른 사람을 실험하지 않아도 바로 군인들에게 사용할 수 있을 것 같은데요."

플로리 교수와 체인 박사는 희망에 부풀었어요. 그런데 엿새째 되는 날, 페니실린이 바닥났어요. 더는 투여할 수가 없었지요. 안타깝게도 경찰관은 죽고 말았어요. 임상을 지켜보던 사람들 모두가 슬픔에 빠졌어요. 페니실린이 조금만 더 있었다면 살릴 수 있었을 거라는 생각에 마음이 더욱 무거웠지요.

플로리 교수와 체인 박사의 다음 임상 대상자는 열다섯 살 소년이었어요. 그 소년은 가시나무에 다리가 찔렸는데, 그 부위 상처가 아물지 않은 채 고름이 흐르고 있었어요. 게다가 한눈에도 이미 상처 부위가 넓어지면서 썩어 가고 있는 게 보였어요.

플로리 교수와 체인 박사는 이번에는 더 많은 페니실린을 준비했어요. 밤낮없이 소년 옆을 지키면서 약효가 떨어지면 바로 페니실린을 투여했지요.

닷새째 되는 날, 잠에서 깬 소년이 침상에 앉더니 빙긋 웃으며 말했어요.

"저, 이제 다 나은 것 같아요. 몸이 가뿐해요."

상처 부위를 확인해 보니 아직 거무스름하긴 하지만 상처가 거의 아문 게 보였어요. 열도 없었어요. 소년이 건강해진 것을 확인하자 모두들 얼싸안고 기뻐했어요.

그런데 얼마 뒤 영국 마을에 독일 폭탄이 떨어지기 시작했어요. 플로리 교수는 두려움에 떨었어요.

'페니실린을 독일에 뺏기면 어떡하지?'

그때 미국에서 연구 제안이 왔어요. 안전하게 연구하려면 그 방법밖에 없었어요. 플로리 교수는 체인 박사에게 미국에 가서 페니실린을 대량 생산할 방법을 찾자고 제안했어요. 두 사람은 이제까지의 연구 자료를 모두 챙겨 미국으로 떠났어요.

미국에 도착한 그들은 페니실린의 대량 생산을 도와줄 제약 회사를 찾았어요. 그리하여 제2차 세계 대전이 끝날 때쯤에는 1년에 700만 명을 치료할 수 있는 페니실린을 생산할 수 있게 되었어요.

노벨상을 수상하다!

페니실린을 대량으로 생산할 수 있게 된 이후 플로리 교수와 체인 박사 사이에 갈등이 생겼어요.

"플로리 교수님, 특허를 내야 하지 않겠습니까?"

"특허요?"

"네, 특허로 돈을 버는 것은 좋은 일이라고 생각해요. 열심히 연구하고 노력한 시간에 대한 보상이니까요."

"체인 박사, 우리가 특허를 낸다면 가난한 사람은 제때 치료받기 어려워질 거예요. 우리가 이 연구를 돈을 벌기 위해 한 게 아니잖아요. 그러니 특허는 내지 맙시다."

단번에 거절당한 체인 박사는 화가 났어요. 마치 자신이 아픈 사람을 상대로 돈벌이나 하는 사람으로 여겨진 것 같았거든요.

"플로리 교수님, 특허를 낸다고 해서 인류에 기여했다는 사실이 사라지지는 않습니다. 그리고 특허로 돈을 벌면 많은 과학자들이 더 열심히 연구를 하려고 하지 않겠습니까?"

"특허도 특허 나름입니다. 우리는 생명을 다루는 특허이지 않습니까."

"그래도 저는 특허를 내야 한다고 봅니다."

"그러면 제가 플레밍 교수님께 의견을 물어보겠습니다. 어차피 우리 연구는 교수님의 페니실린 연구에서 시작되었으니까요."

다시 설득해도 대답은 똑같았어요. 체인 박사는 플로리 교수가 원망스러웠어요.

체인 박사가 특허에 집착했던 이유는 자신이 독일에서 도망친 연구자였기 때문이에요. 조국을 버리고 미국에 온 것은 이런 기술을 개발하기 위해서였음을 독일 사람들에게 알리고 싶었던 것이지요. 조국을 배신한 게 아니라 인류를 위해 어쩔 수 없는 선택을 한 것이었다고 특허를 통해 보여 주려 했던 거예요.

제약 회사에서도 특허에 욕심을 냈어요. 특허를 내면 페니실린을 독점하여 판매할 수 있으니까요. 그래서 제약 회사에서는 체인 박사를 자주 찾아왔어요.

"체인 박사님, 플로리 교수님을 설득해 주세요. 페니실린 개발은 인류의 미래를 바꾸었다고 해도 과언이 아닙니다. 그만큼 돈을 많이 벌 수 있는 약이에요. 아깝지 않으세요?"

"저도 잘 압니다. 독일에서는 아스피린을 개발해서 돈을 많이 벌었지요. 그런데 플로리 교수님을 설득하기가 쉽지 않네요."

결국 꿈쩍하지 않는 플로리 교수 때문에 체인 박사는 특허에 대한 마음을 포기해야만 했어요.

그러나 1945년 플레밍 교수와 플로리 교수, 체인 박사는 모두 함께 노벨 생리 의학상을 받았어요. 체인 박사는 노벨상을 받으면서 플로리 교수에 대한 마음의 응어리를 풀었어요. 노벨상 자체가 그들이 인류에 공헌했다는 것을 세계에서 인정하는 의미였기 때문이지요.

"플로리 교수님, 제 생각이 짧았습니다. 가난한 사람들도 페니실린의 혜택을 받는 것을 보면서 플로리 교수님 말씀을 이해하게 되었습니다."

또 두 사람은 노벨상을 받는 자리에서 플레밍 교수에게 감사 인사를 전했어요. 그러자 플레밍 교수는 손을 내저으며 말했어요.

"아닙니다. 오히려 제가 고맙습니다. 제 연구의 가치를 발견해 준 것은 플로리 교수와 체인 박사 아닙니까? 제 연구로 페니실린을 생산해 낸 것은 두 분이십니다. 두 분 때문에 저도 빛날 수 있어서 참으로 고맙게 생각합니다."

좀 더 알아볼까요?

1. 페니실린은 어떤 역할을 할까?

　페니실린은 지금도 많이 쓰이는 항생제예요. 항생제는 우리 몸의 세균을 없애서 세균 감염을 치료하는 약이지요. 항생제가 세균을 없애는 방법은 여러 가지가 있어요. 세균의 먹이를 없애 세균을 굶어 죽게 하기도 하고, 세균이 더 이상 자라지 못하게 하기도 해요.

　플레밍이 발견한 페니실린은 세포막을 파괴하는 방법으로 세균을 죽여요. 세포막은 세포를 둘러싼 막이에요. 페니실린은 세포막을 녹게 하고, 그 틈에 몸속의 물이 세포 속으로 들어가요. 풍선에 공기를 많이 넣으면 터져 버리듯, 세포에 물이 마구 들어가게 되면 세균이 죽게 된답니다.

2. 페니실린을 발견한 플레밍

　플레밍이 페니실린을 발견한 것은 우연이었어요. 원래 세균과 질병에 관심이 많았던 플레밍은 세균의 성장을 억제하는 물질을 찾고 있었어요.

　그러던 1921년 어느 날, 감기에 걸린 플레밍의 콧물이 실험 접시에 떨어졌어요. 그런데 신기하게도 콧물 주변에 있던 세균이 모두 죽은거예요. 그때 플레밍은 콧물에 항생 물질이 있다는 것을 알았

고, 더 이어진 연구 끝에 사람의 침과 눈에도 비슷한 성질이 있다는 것을 알아냈어요. 이 물질에 '라이소자임'이라는 이름을 붙였지요.

  1928년 플레밍은 라이소자임과 세균이 함께 있으면 세균이 어느 정도 성장하는지, 혹은 성장을 얼마나 방해하는지 알아보기 위해 배양 접시에 둘을 함께 넣고 키웠어요.

그러다 2주일의 휴가를 다녀온 플레밍은 깜짝 놀랐어요. 세균을 키우던 배양 접시에 푸른곰팡이가 피었기 때문이에요. 플레밍은 그 배양 접시를 자세히 관찰했어요. 그랬더니 푸른곰팡이 주변의 세균만 거의 죽어 있었어요. 연구를 통해 플레밍은 푸른곰팡이가 세균의 성장을 막는다는 사실을 알아냈고, 이 푸른곰팡이에서 강력한 항균 작용을 하는 물질인 페니실린을 발견하게 되었답니다.

3. 세균 감염으로 죽어 간 군인들

19세기에 들어와 산업이 발달하면서 사람들은 일자리를 찾아 도시로 몰려들었어요. 사람들이 도시로 몰리자 많은 문제들이 생기기 시작했어요. 특히 오염된 물이 식수를 공급하는 펌프장으로 유입되었는데, 당시에는 오염된 물을 깨끗하게 할 정수 시설이 없었어요. 하지만 사람들은 그것을 문제라고 생각하지도 않았어요. 식수에 세균이나 바이러스가 들어갔지만 그것들이 질병을 일으킨다는 사실을 몰랐기 때문이에요.

한편, 전쟁터에서도 불결한 환경으로 인해 군인들이 죽어 갔어요. 1861년 발생한 미국 남북 전쟁에서 약 62만 명이 사망한 것으로 알려졌는데, 이들 중 3분의 2는 싸우다가 죽은 게 아니라 세균 감염으로 죽었다고 해요. 군인들은 소독하지 않은 붕대로 상처를 감았고, 깨끗하게 씻지도 못했어요. 이런 환경이 결국 세균을 퍼뜨려 더 많은 군인들을 죽음으로 몰아넣은 것이지요. 하지만 페니실린이 발명된 뒤

에는 부상을 입어 썩어 가는 살을 도려내지 않아도 되었어요. 곪는 것이 두려워 미리 팔다리를 잘라 내는 일도 생기지 않았지요.

외딴섬과 두메산골까지 전등을 밝히다

교류 전기를 개발한 니콜라 테슬라

★ 초등 교과 연계
과학 3-1 4. 자석의 이용
과학 6-2 1. 전기의 이용

전기는 좋은 걸까, 나쁜 걸까?

1880년 프랑스에 살던 데인은 엄마와 시장을 보고 집으로 돌아가는 길이었어요.

"와! 엄마, 저 불빛 뭐예요?"

"아마 전구일 거야. 전기로 저런 빛을 만든다고 들었거든."

전구의 불빛은 집에서 사용하는 기름등과는 비교할

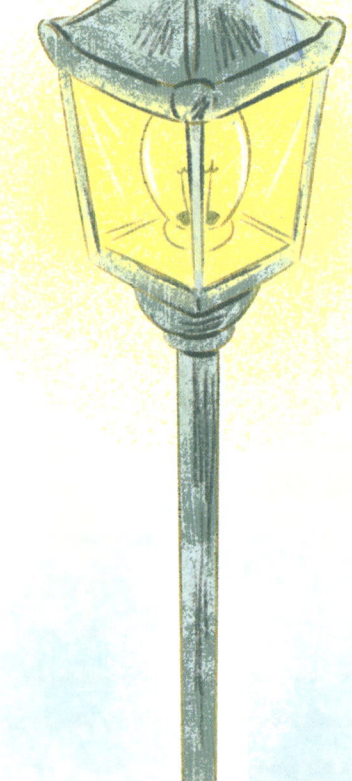

수 없을 정도로 밝았어요. 노르스름한 불빛이 거리를 비추니 지나가는 사람들의 얼굴이 보일 만큼 환했지요.

"우리 동네에도 이런 불빛이 들어오면 좋겠어요."

데인은 너무 신기해서 전구를 가까이에서 보고 싶었어요. 조금씩 전구 곁으로 걸어가는데, 선 주변에서 '지지직' 하는 소리가 들렸어요. 그리고 갑자기 '펑' 하는 소리와 함께 불빛이 사라졌어요. 동시에 저편에서 고함 소리가 들렸어요.

"불이야! 불이야!"

"비키세요. 어서요!"

양동이에 물을 담아 온 어른들이 불에 물을 끼얹었어요. 그런데 불은 오히려 더 크게 번졌어요.

"흙, 흙을 담아 와. 전선에서 난 불은 물로 끌 수 없어."

사람들이 불 위로 흙을 뿌리자 그제야 불씨가 작아졌어요. 주변은 다시 어두워졌고, 사람들은 집으로 발길을 돌렸어요.

"화재가 자꾸 나는 걸 왜 꼭 써야 하는지 모르겠어."

"발전기 소리는 또 얼마나 시끄러운데. 전구에 불 들어올 때 윙윙거리는 게 귀가 다 아프더군."

데인은 어둠 속에서 어른들의 대화를 가만히 들었어요. 그러고 보니 데인도 윙윙거리는 소리를 들었어요. 데인은 그 소리가 벌레들이 한꺼번에 모여 합창하는 소리라고 생각했어요. 그런데 전기 소리였다니 깜짝 놀랐지요.

"그런 소리들 말게. 화재가 났어도 크게 난 적은 없지 않은가?"

데인은 어른들의 말을 들으며 광장에 빛이 들어오는 게 마냥 좋은 일만은 아닌 모양이라고 생각했어요.

더 멀리 가고 더 안전한 교류 전기

크로아티아에서 태어난 니콜라 테슬라는 1875년 오스트리아에 있는 종합 기술 학교에 다니고 있었어요. 테슬라는 편리한 전기를 일부 사람들만 쓰는 것이 안타까웠어요. 그래서 좀 더 저렴하게, 더 많은 사람들이 전기를 쓰게 할 방법을 찾느라 밤을 새워 가며 공부했지요.

당시 사용하던 전기 시스템인 직류 전기는 약 2킬로미터에 발전기 한 대가 필요했어요. 테슬라는 전기를 멀리 보낼 수 없다는 점과 화재 위험이 높다는 점을 해결하고 싶어 항상 고민했어요.

하지만 방법은 쉽게 찾아지지 않았어요. 학교에서 직류 전기를 대신할 교류 전기에 대해 이론적으로 가르치기는 했지만 교류 전기에 대해서 실제로 아는 사람은 거의 없었어요.

졸업 후 테슬라의 전기에 대한 열정을 알고 있던 친구가 에디슨 회사의 파리 지사 일자리를 소개해 줬어요. 그러나 회사에서 받은 급여로 실험 도구를 사서 연구하기에는 돈이 턱없이 부족했어요.

테슬라는 고민 끝에 미국으로 직접 가서 자신의 꿈을 펼쳐 보기로 했어요. 에디슨 회사의 파리 지사 대표가 에디슨에게 직접 추천서를 써 주었지요.

1884년, 테슬라가 에디슨 회사에 들어섰을 때 사무실은 난리법석이었어요.

"큰일이 났습니다. 해링턴 씨 집에 불이 났다고 합니다."

"당장 가서 전기를 차단하고 고장 난 곳을 수리하게."

"사장님, 오리건에서 배의 조명이 꺼졌다고 합니다. 빨리 고쳐 달라고 난리입니다."

직원들은 에디슨에게 여기저기서 일어난 문제들을 보고하고 있었어요. 그러나 수리 직원이 모두 나가 버려서 오리건 배의 전기 상태를 확인할 사람이 없었어요.

"제가 해 보겠습니다."

테슬라의 말에 에디슨은 고개를 갸웃거렸어요. 처음 보는 얼굴이었기 때문이지요. 테슬라는 파리 지사 대표의 추천서를 보여 주었어요. 에디슨은 미심쩍었지만 당장 사람이 없었기 때문에 테슬라를 오리건 배로 보냈어요.

에디슨의 걱정과 달리 테슬라는 배의 조명을 금방 고치고 회사로 돌아왔어요. 에디슨은 그가 뛰어난 재능을 가지고 있다는

것을 알게 되었어요. 그 뒤부터 에디슨은 테슬라가 자유롭게 작업할 수 있도록 묵묵히 도와주었어요.

어느 날 테슬라는 용기를 내어 에디슨에게 교류 전기에 대한 꿈을 이야기했어요. 그러나 에디슨은 정색을 했어요.

"안 될 일이지. 교류 발전기는 감전될 위험이 너무 커."

"아닙니다. 오히려 더 안전합니다. 전압을 낮추는 장치를 함께 만들면 문제없습니다."

테슬라의 말에 에디슨이 화를 냈어요.

"자네는 에디슨 회사 사람이야. 우리는 대부분 도시에 직류 시스템을 공급하고 그에 맞는 전등을 설치하고 있어. 그런데 교류 전기를 개발하겠다고? 회사를 망하게 만들겠다는 말인가?"

테슬라는 에디슨을 더 설득했지만 소용없었어요. 에디슨은 오히려 더 크게 화를 낼 뿐이었지요.

"교류 전기 연구에 드는 시간과 비용은 어쩔 셈인가? 그 돈을 직류 전기 문제를 해결하는 데 쓰는 게 낫지 않겠어? 이제 보니 자네 영 헛된 꿈을 꾸고 있었군!"

"지금 직류 전기는 발전소를 지을 수 있는 부자만 사용할 수 있습니다. 그런데 교류 전기를 사용하면 발전소 하나에 지금보다 몇 십 배 많은 사람들이 전기를 사용할 수 있어요. 그러면 에디슨 회사의 제품을 사는 사람도 더 많아질 겁니다."

에디슨은 테슬라의 말을 들으려 하지 않았어요. 결국 테슬라는 에디슨 회사를 떠나기로 결심했어요.

치열한 전류 전쟁

1887년 에디슨 회사에서 나온 테슬라는 테슬라 전기 회사와 연구실을 만들었어요. 1888년에는 교류 전기 시스템에 대한 특허를 냈어요.

그러던 어느 날, 전기 기기 제조 회사를 설립한 조지 웨스팅하우스가 찾아왔어요.

"교류 특허를 사고 싶어서 왔습니다. 우리 회사가 사업을 확장하려면 테슬라 씨의 교류 특허가 꼭 필요합니다. 교류 발전기는 세상을 깜짝 놀라게 할 겁니다. 전기의 시대가 직류 전기에서 교류 전기로 바뀔 거예요."

테슬라는 망설일 필요가 없었어요. 교류 전기의 가치를 알아

주는 회사를 만났다는 것만으로도 행운이라고 생각했지요. 두 사람은 바로 계약을 했어요.

그런데 이상한 소문이 나기 시작했어요. 직류 전기 사업자들이 교류 전기를 쓰면 사람들이 감전되어 죽을 거라는 무서운 이야기를 퍼뜨린 거예요. 테슬라는 교류 전기의 안전성을 증명해야겠다고 생각했어요. 가장 좋은 방법은 3천만 명이 오가는 컬럼비아 박람회의 전등 설비권을 따는 거였어요. 박람회 장소의 20만 개 전등에 불을 켠다면 테슬라의 교류 전기가 안전하다는 것을 확실히 증명할 수 있으니까요.

그러나 직류 전기와 관련된 사람들이 거짓 소문을 내는 바람에 교류 전기에 투자하겠다는 사람들이 없었어요. 웨스팅하우스 회사도 컬럼비아 전등 설비권을 가져오는 것에 망설이고 있었어요. 자칫하면 회사가 망할 수도 있으니까요.

그 모습을 보고 테슬라는 책상 속 서랍에서 특허 계약서를 꺼냈어요. 그리고 웨스팅하우스 앞에서 계약서를 손으로 찢어 버렸어요. 웨스팅하우스는 깜짝 놀랐어요.

"제 교류 전기의 가치를 제일 먼저 인정해 준 사람은 당신이에요. 특허를 포기할게요. 제게 줄 특허 비용으로 전등 설비권을 따서 박람회에 투자하세요."

"이 특허는 당신이 평생 먹고살 돈을 줄 거예요. 쉽게 포기할 일이 아니에요."

"하지만 제가 특허를 포기하면 산골 마을까지 전기가 들어갈 수 있습니다. 저는 다른 것을 개발해서 또 특허를 받으면 됩니다. 멋지지 않나요? 어두운 밤에 빛이 하늘이 아니라 땅 위에서 반짝인다는 것이! 저는 그런 빛을 세상에 주고 싶습니다."

웨스팅하우스는 크게 감동을 받고 컬럼비아 박람회 준비에 매진했어요. 그러나 직류 전기 회사의 방해는 더욱 심해졌어요.

"우리 머리 위로 아주 많은 양의 전기가 흘러간다고 생각해 보세요. 끔찍하지 않나요? 우리 머리가 불에 탄 통닭처럼 될 수도 있어요."

소문을 그대로 두면 안 되겠다고 생각한 테슬라는 전기 기술자를 모아 그들 앞에 섰어요.

"교류 전기가 안전하다는 것을 제가 직접 보여 드리겠습니다."

무대 위에서 테슬라는 한 손에 전구를 잡고, 다른 손으로는 전선을 잡았어요.

"이 전선에는 20만 볼트의 교류 전류가 흐르고 있습니다. 제가 어떻게 되는지 직접 확인해 보세요."

사람들이 깜짝 놀라며 웅성거렸어요. 20만 볼트는 우리가 산에서 보는 송전탑의 전기선에서 흐르는 전압의 양과 비슷해요.

"지금 무슨 짓을 하려는 거예요?"

"감전으로 죽을 수 있어요. 그만둬요!"

말리는 사람들의 목소리가 점점 커졌어요.

그러나 테슬라는 미소를 지은 채 '하나, 둘, 셋!' 하고 신호를 보냈고, 무대 옆에 있던 사람이 스위치를 올렸어요.

번쩍!

전구에 불이 들어왔어요. 숨죽여 보던 사람들은 안도의 한숨을 쉬었어요. 테슬라는 말짱했거든요.

"이번에는 테슬라 코일을 보여 드리겠습니다. 이 장치는 낮은 전압을 높은 전압으로 바꾸는 장치입니다. 여기에 전류가 흐르고 있습니다. 높은 전압으로 전기를 보내면 위험하다고 생각하시죠? 정말 그럴까요? 제가 이 코일 꼭대기에 있는 쇠구슬을 잡아 보도록 하죠."

"제발 그만둬요. 아예 전기에 감전되겠다고 나서는 거요? 우리는 불에 탄 시체를 보고 싶지 않아요."

이번에도 테슬라는 미소를 지으며 한 손을 쇠구슬 위로 올려놨어요.

'파지지지지직.'

전류 흐르는 소리가 사람들 귀에 들릴 정도였어요. 그런데 테슬라는 아무렇지 않게 사람들에게 윙크를 하고 있었어요.

이 실험을 계기로 소문은 가라앉았어요. 컬럼비아 세계 박람회 전등 설비권도 웨스팅하우스 회사가 가지게 되었어요. 사실 테슬라는 몸에 무리가 가지 않을 정도의 전류를 보내기 위해 2차 코일을 아주 가늘게 만들었어요. 그래서 안전하게 실험을 끝낼 수 있었지요.

컬럼비아 세계 박람회 이후, 전기 시스템이 직류 전기에서 교류 전기로 바뀌기 시작했어요. 뉴욕으로 전기를 보낼 나이아가라 수력 발전소에도 교류 전기가 채택되었어요. 교류 전기 시스템으로 바꾸자 외딴섬에도, 두메산골에도, 심지어 어두컴컴한 동굴에도 전구를 달아 어둠을 밝힐 수 있게 되었어요.

좀 더 알아볼까요?

1. 직류와 교류는 무엇일까?

전류는 직류와 교류로 나눌 수 있어요. 직류는 전류가 한 방향으로 흐르고, 시간이 지나도 전류의 세기가 변하지 않아요. 그러나 교류는 주기적으로 전류가 흐르는 방향이 달라지고, 세기도 변한답니다.

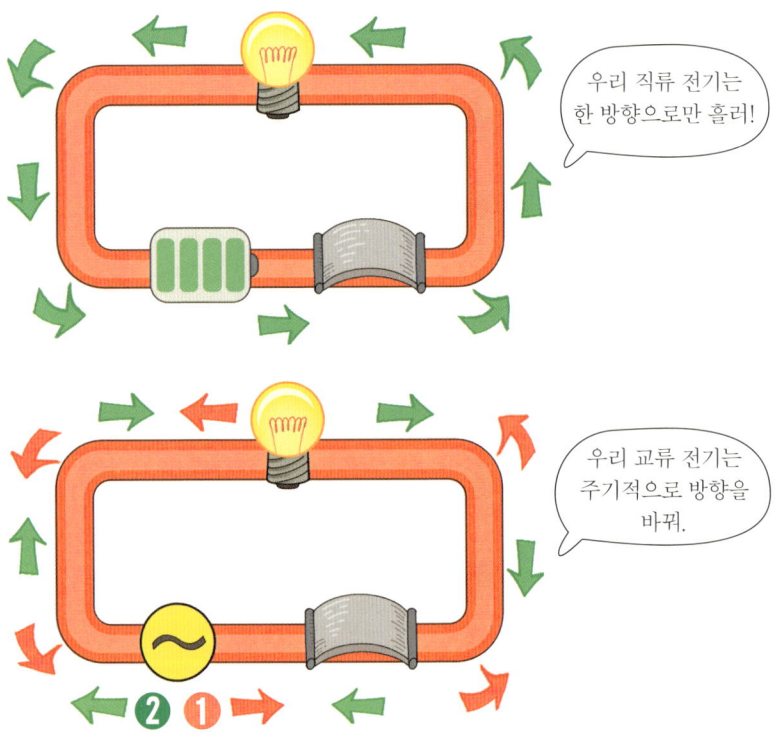

②번에서 ①번으로 교차하여 흐름
(②번 → ①번 → ②번 → ①번)

우리는 직류와 교류를 모두 사용하고 있어요. 직류는 전기를 바로 충전할 수 있는 장점 때문에 손전등, 건전지, 핸드폰 배터리 등과 같이 가지고 다니면서 쓰는 제품에 주로 사용해요. 반면 집에서 콘센트를 통해 쓰는 전기는 모두 교류예요. 마을과 멀리 떨어져 있는 발전소에서 전기를 교류로 보내 주면 우리는 텔레비전, 냉장고, 세탁기 등의 전원을 꽂아 사용하게 되지요.

2. 직류 전기와 교류 전기의 대결

에디슨과 테슬라는 자존심을 건 대결을 벌였어요. 승부는 미국 뉴욕주와 캐나다 온타리오주 사이에 있는 나이아가라 폭포에 건설될 수력 발전소였어요. 이곳에서 만들어진 전기를 직류로 보내느냐, 아니면 교류로 보내느냐에 대한 싸움이었지요.

테슬라는 안전하게 멀리 보낼 수 있다는 교류의 장점을 설명하며 나이아가라 폭포 위원회를 설득했어요. 에디슨은 직류를 사용하고 있는 현실을 강조하며 모험을 하지 말 것을 주장했지요.

이곳의 전기는 뉴욕으로 보내질 예정이었기 때문에 사람들의 관심이 컸어요. 누구의 전기 시스템을 사용하느냐에 따라 우수성이 판가름 나는 것이나 마찬가지였지요. 또, 여기에서 선택받는 사람은 앞으로의 전기 사업에서 승승장구할 게 분명했어요.

1893년 '국제 나이아가라 폭포 위원회'는 테슬라의 교류 시스템을 이용하는 웨스팅하우스에게 수력 발전소 사업권을 주었어요. 테슬

라의 승리였지요. 1896년 11월, 드디어 모두가 숨죽인 가운데 한밤중에 스위치가 켜졌어요. 34킬로미터 떨어진 뉴욕 버펄로에 환하게 불이 들어왔지요. 사람들은 환호했어요.

몇 년 뒤에는 뉴욕에서 644킬로미터 떨어진 곳까지 전기를 송출했어요. 그때부터 전 세계에서 테슬라의 교류 시스템을 표준으로 지정했어요. 미국의 기준이었던 교류 전기가 전 세계의 기준으로 선택

된 것이지요.

3. 전기 자동차를 대표하는 테슬라 모터스

　테슬라 모터스는 2003년에 설립된 미국 자동차 회사에요. 니콜라 테슬라에서 이름을 따 회사 이름을 만들었어요. 테슬라는 전기 자동차에 대한 연구를 했다는 이야기가 있어요. 물론 어떤 모양으로 설계했는지 증거가 남아 있지는 않지만, 테슬라를 아는 사람들에 의해 입으로 전해지고 있지요.

　현재 테슬라 모터스는 전기 자동차 분야에서 가장 유명해요. 그리고 테슬라가 자신의 교류 전기 특허를 개방한 것과 같이 테슬라 모터스도 회사가 보유한 특허를 공개하고 있어요. 특히 전기 자동차의 핵심 중 하나인 배터리 충전 기술을 무상으로 공개해 경쟁사도 사용할 수 있게 했어요. 환경 오염이 적은 전기 자동차가 더 많이 확산되었으면 하는 테슬라 모터스의 바람 때문이지요.

방사능 물질로
암 치료의 길을 열다

라듐을 발견한 마리 퀴리

★ 초등 교과 연계
과학 3-2 4. 물질의 상태
과학 6-1 5. 빛과 렌즈

아빠를 낫게 해 주고 싶어

1850년, 체코 프라하에 사는 페트리는 수업을 마치고 학교 근처에 있는 들판으로 갔어요. 친구가 그곳에 신기한 허브가 있다고 했거든요.

'그 허브만 찾아내면 아빠 병은 나을 수 있을 거야.'

아빠는 암으로 계속 침대에 누워 계세요. 어제는 식사 도중에 화장실로 달려가 먹은 것을 모두 토했어요. 병원에서도 치료 방법이 없다고 했어요.

페트리는 풀잎을 하나하나 손으로 펴서 살폈지만 별 모양의 허브는 보이지 않았어요. 페트리는 들판에서 이어진 숲속으로 들

어갔어요. 숲에는 커다란 나무가 많아서 조금 어두웠어요.

'조금만 더 찾아보고 가야겠어. 금방 어두워질 것 같아.'

아무리 찾아봐도 별 모양 허브는 눈에 띄지 않았어요. 페트리는 내일 다시 와야겠다고 생각했어요. 그런데 되돌아가는 길을 찾을 수가 없었어요. 길을 잃고 만 거예요. 주변은 더 어둑해졌고, 어디선가 동물 울음소리가 들리는 것 같았어요. 페트리는 눈물이 났어요. 결국 그 자리에 앉아 큰 소리로 울고 말았지요.

그때 희미하지만 페트리를 부르는 소리가 들렸어요. 페트리는 소리 나는 쪽으로 갔어요. 엄마와 동네 아저씨들이 보였어요. 페트리는 힘차게 달려 엄마 품에 안겼어요.

"제가 여기에 있는 걸 어떻게 아셨어요?"

"친구들에게 물어봤단다. 네가 이쪽으로 가는 걸 본 친구가 있었고, 허브 이야기를 했다는 친구도 만났지. 그런데 혹시 너, 아빠 약을 구하러 온 거니?"

"네."

엄마는 페트리의 머리를 쓰다듬었어요.

"엄마도 그런 허브가 있다는 말은 들었단다. 그런데 소문으로만 들었지, 실제로 허브를 먹고 암을 치료했다는 사람을 본 적은 없어. 그러니까 다시는 혼자 숲에 오면 안 돼."

페트리는 엄마의 말에 고개를 끄덕였어요.

"아빠는 어떻게 해요? 너무 괴로워하시잖아요. 아빠 몸에서 암만 없애는 방법이 있으면 좋겠어요."

"그러게 말이다. 치료 방법이 나올 때까지 병을 이겨 낼 수 있도록 우리가 도와야지."

페트리는 힘없이 말하는 엄마를 보며 앞으로 더 많이 도와

드려야겠다고 생각했어요.

스스로 빛을 내는 물질

'엑스선에서 이런 빛이 왜 생기는 걸까?'

1895년 물리학자들 사이에서 뢴트겐의 엑스선이 화제였어요. 프랑스에서 공부하던 마리 퀴리도 엑스선에 대한 논문을 읽으며 과학자로서 궁금했어요. 그리고 언젠가 자신도 엑스선과 같은 세상에 도움이 되는 무언가를 발견하고 싶었어요. 그러던 중 앙투안 앙리 베크렐이라는 과학자가 발표한 「우라늄에서 나오는 빛」이라는 논문을 읽게 되었어요. 사람들은 우라늄에서 나오는 빛을 베크렐선이라고 불렀어요.

'우라늄은 어떻게 스스로 빛을 낼까?'

마리는 우라늄에서 나오는 빛을 연구해 보기로 결심했어요.

마리는 남편 피에르 퀴리의 도움으로 허름한 실험실을 구했어요. 실험실이 얼마나 허술한지 비가 오면 지붕에서 물이 샜지요. 하지만 실험실 환경은 마리에게 문제가 되지 않았어요.

마리는 우라늄이 아닌 토륨을 가지고 먼저 실험했어요. 다른 물질 중에서도 우라늄처럼 빛을 내는 것이 있는지 알고 싶었기 때문이지요. 마리는 수천 번의 실험을 거듭한 후, 토륨도 우라늄처럼 스스로 빛을 낸다는 사실을 알아냈어요.

"피에르! 토륨이나 우라늄처럼 빛을 내는 물질을 방사능이라고 이름 지어 봤어요."

마리는 이번에는 토륨과 우라늄이 섞여 있는 원석인 피치블렌드 덩어리를 가져와 피에르에게 말했어요.

"그런데 더 재미있는 것을 발견했어요. 피치블렌드에서는 우라늄과 토륨에서 나오는 빛보다 더 강한 빛이 뿜어져 나와요. 아마 우리가 모르는 다른 원소가 있을 거예요. 수치를 측정하니까 우라늄과 토륨보다도 더 센 방사능이었어요."

"정말이에요? 내가 힘껏 도울 테니 실험해 봐요."

마리는 자신의 가설로 논문을 써서 세상에 발표했어요. 그러나 과학자들은 마리의 말에 귀 기울이지 않았어요. 당시에는 여자 과학자가 흔치 않았던 시절이라 사람들이 편견을 가지고 있었거든요.

마리는 개의치 않고 피치블렌드에서 다른 방사능 물질을 찾아내기 위해 실험을 계속했어요. 먼저 원석을 잘게 부수어 녹을 때까지 끓인 뒤 서서히 식혔어요. 용액이 식으면 가벼운 물질부터 알갱이 같은 결정이 되는데, 바로 이 방법을 이용해 광물을 추출해 내는 거예요.

하지만 한 번에 피치블렌드의 물질을 모두 분리할 수는 없었어요. 낡은 실험실 천장에서 떨어진 흙이나 새어 들어온 빗물이 피치블렌드를 녹이고 굳히는 용기 안으로 종종 들어갔거든요.

열악한 환경에서도 연구를 계속하던 마리는 1898년 12월, 마침내 우라늄보다 900배나 더 센 방사능 물질인 라듐을 발견했어요. 그러나 과학자들은 여자라는 이유로 마리의 연구를 믿어 주지 않았어요.

"피치블렌드에 라듐이 있다면 분리해서 실제로 보여 주세요."

마리는 자신의 발견을 증명하기 위해 다시 연구해야 했어요. 그런데 문제가 있었어요. 피치블렌드를 살 돈이 없었거든요. 다행히 피에르가 오스트리아 정부로부터 우라늄을 채취하다 버린 피치블렌드를 공짜로 얻을 수 있도록 허가를 받아 냈어요.

실험 과정은 무척 힘들었어요. 마리는 하루 종일 끓는 용액을 젓느라 옷이 엉망진창이 되었어요. 부글부글 끓는 용액에서는 지독한 연기와 냄새가 나왔어요. 여름에는 환기가 잘 되지 않아 숨이 막히기도 했어요.

마리는 1904년 드디어 8톤이 넘는 피치블렌드에서 0.1그램의 순수 라듐을 분리해 냈어요. 이 연구 결과로 마리와 피에르는 노벨 물리학상을 받았어요. 마리는 여성 최초로 소르본 대학교에서 박사 학위도 받았답니다.

건강과 바꾼 연구

라듐 발견 이후, 라듐을 의학적으로 이용할 수 있는 실험들이 계속되었어요. 그리고 암세포를 죽이는 데 효과적이라는 연구 결과가 나왔어요.

그러던 어느 날, 미국에서 한 통의 편지가 배달되었어요.

"마리! 빨리 나와 봐요."

"무슨 일이에요?"

"미국의 한 회사에서 라듐을 분리해 내는 기술에 특허를 내면 큰돈을 주고 사겠대요. 우리가 특허를 내면 백만장자가 될 거라는 말이지요."

마리는 대답하지 않았어요.

"우리, 빨리 특허를 내요. 그동안의 고생에 대한 보상을 받는 거예요."

"안 돼요. 그건 과학자 정신에 어긋나요. 특히 라듐은 질병 치료에 사용될 물질이에요. 상업화할 수 없어요."

"마리, 그동안 우리가 했던 고생을 생각해 봐요. 특허료를 받으면 우리가 꿈꾸던 실험실도 가질 수 있어요."

마리는 라듐을 발견하기까지의 과정을 떠올렸어요. 눈물이 날 정도로 어려웠던 시간이었지요. 하지만 마리의 마음은 변하지 않았어요.

"우리는 노벨상과 상금만으로도 충분해요."

마리는 다른 사람들에게도 확고한 마음을 보여 줘야겠다고 생각했어요. 마리와 피에르는 학회에 참석해서 라듐의 분리 과정을 세상에 공개했어요. 사람들은 깜짝 놀랐어요.

"저 두 사람, 바보 아니야? 큰돈을 벌 기회를 스스로 날려 버리다니!"

퀴리 부부를 비난하는 과학자들도 있었어요.

"퀴리 부부가 뢴트겐을 따라 하나 봐요. 그런데 우리가 방사능 연구를 계속해도 될까요? 새로운 방사능 물질을 찾아내서 특허를 신청하면 사람들이 우리를 비난할지도 모르잖아요. 무료로 공개한 사람과 비교가 될 테니까요."

"특허 내는 게 잘못도 아닌데……. 이렇게 과학자들의 사기를 꺾어 놓다니!"

그러나 모두가 퀴리 부부를 욕한 건 아니에요. 그들의 결정에 찬사를 보내는 과학자도 있었어요.

"대단하십니다. 정말 존경스럽습니다."

하지만 마리와 피에르에게는 비난도 칭찬도 중요하지 않았어요. 두 사람에게 닥친 위기는 바로 건강이었어요. 오랜 방사능 연구로 몸이 나날이 나빠졌거든요. 마리는 악성 빈혈에 시달렸고, 피에르는 알 수 없는 통증에 시달렸어요. 다리도 절룩거렸어요. 무릎뼈가 손상되어 달리는 마차를 피하지 못할 정도였어요. 이 사고로 피에르는 가족과 영원히 이별하고 말았지요.

마리는 남편이자 든든한 동료였던 피에르의 죽음에 큰 슬픔을 느꼈어요.

그러나 마리는 혼자서도 방사능 연구를 계속해 나갔어요. 불순물이 없는 순수한 라듐의 양을 재는 방법을 고안해 라듐의 정확한 양을 측정하는 데 성공했어요. 1911년, 이 연구 결과로 또다시 노벨상을 받았지요. 이번에는 노벨 화학상이었어요. 마리 퀴리는 처음으로 노벨상을 두 번 받은 과학자랍니다. 더구나 마리는 이것 역시 특허를 내지 않고 모두 공개했어요.

마리의 연구로 많은 사람들이 방사능 연구에 관심을 갖게 되었어요. 특히 라듐은 암을 치료하는 방사선 치료의 길을 열어 인류가 더 건강하게 살 수 있도록 도와주었지요.

좀 더 알아볼까요?

1. 방사선이란 무엇일까?

지구의 모든 물질은 원자로 이루어져 있어요. 원자는 하나의 핵과 여러 개의 전자로 구성되어 있고, 핵은 또 양성자와 중성자로 이루어져 있답니다. 그런데 원자핵은 불안정한 상태를 싫어하는 특징이 있어요. 그래서 원자핵이 불안정한 상태가 되면 안정된 상태가 되기 위해 활동을 하는데, 이때 자신의 에너지와 전자기파, 양성자, 중성자와 같은 입자를 바깥으로 내보내요. 이렇게 나오는 것이 방사선이에요.

방사선은 알파선, 베타선, 감마선 등으로 나눌 수 있어요. 엑스선

도 방사선의 하나랍니다. 방사선은 물질을 투과하면서 그 물질의 성질을 변형시키는데, 이런 특성 때문에 유전자 조작에 이용이 되지요.

2. 방사선은 어디에 활용할까?

라듐이 발견된 초창기에는 사람들이 신비의 물질로 잘못 인식하는 바람에 큰 문제가 발생하기도 했어요. 붕대, 솜, 비누, 치약, 화장품뿐만 아니라 빵이나 과자에까지 마구 넣어서 사용했거든요. 그러나 피해 사례가 늘어나면서 방사능의 위험성이 제기되자, 1931년 프랑스에서는 라듐을 시중에서 판매할 수 없도록 법으로 금지했어요.

현재 방사선은 대표적으로 살균과 멸균에 활용되고 있어요. 식품, 약품, 화장품 분야에서도 사용되지요. 제품을 가열하거나 얼리면 고유의 품질이 훼손될 수 있기 때문에 세계 보건 기구에서도 방사선 이

방사선으로 병충해에 강한 우수한 농작물을 만들 수 있어요.

가열하지 않고도 음식을 살균할 수 있어요.

오염 물질을 파괴하고 미생물을 멸균할 수 있어요.

용을 권장하고 있어요. 또, 식품 포장재에도 방사선을 활용해요. 포장을 만드는 도중 정전기가 발생해 공기 중에 떠다니는 세균이 붙을 수도 있거든요. 인스턴트 식품이 늘어나면서 더 많이 사용하고 있지요.

문화유산의 원형을 보존할 때도 방사선을 사용해요. 고문서나 목재로 된 문화재에는 벌레나 벌레 알들이 있을 수 있어요. 이때 방사선을 활용해서 벌레와 벌레 알을 제거하고 문화유산이 변형되지 않도록 해요.

농업에서 방사선은 생명 공학 기술과 융합되어 사용되고 있어요. 바로 방사선 돌연변이 육종 기술이에요. 방사선을 쬐어 품종을 개량하거나 새로운 품종을 만들어 내는 기술이지요. 자연에서는 드물게 일어나는 돌연변이의 빈도를 높일 수 있어서 화훼류나 과일 품종 등에 사용되고 있어요. 이 기술은 외래 유전자를 집어넣는 유전자 변형 기술인 지엠오(GMO)와 달리 안전성이 입증되어 더 많은 사람들이 찾고 있어요.

드론도 로봇도
내 손으로 만들 수 있어!

아두이노를 개발한 마시모 반지

★ 초등 교과 연계

과학 4-1	과학자처럼 탐구해 볼까요?
실과 6(교학사)	5. 발명과 로봇
실과 6(금성)	4. 발명과 로봇
실과 6(동아)	5. 발명과 로봇
실과 6(미래엔)	4. 발명과 로봇

비닐하우스의 온도를 자동으로 조절할 수 있다면

1960년 이탈리아에 사는 아네스는 자주 부모님의 비닐하우스를 찾아갔어요. 두 분은 키위 품종을 연구 개발하는 일을 하셨거든요.

어느 겨울 이른 아침이었어요. 아빠가 두꺼운 옷을 챙겨 입고 나가려 했어요.

"아빠, 어디 가세요?"

아네스가 눈을 비비며 물었어요.

"넌 좀 더 자렴! 아빠는 비닐하우스에 다녀올게."

"무슨 일 있어요?"

아네스의 질문에 옆에 있던 엄마가 말했어요.

"어젯밤에 기온이 많이 떨어졌어. 비닐하우스 안의 과일이 얼 수도 있을 것 같아서. 엄마도 조금 있다가 나갈 거야. 너도 같이 갈래?"

아네스는 고개를 끄덕였어요.

서둘러 아침밥을 먹은 아네스는 엄마와 함께 길을 나섰어요. 엄마 말대로 날씨가 정말 추웠어요. 강도 꽁꽁 얼어 있었지요.

눈이 오는 줄은 알았지만 이렇게 추운 줄은 몰랐어요. 새들도 추운지 참새도, 비둘기도 보이지 않았어요. 길에도 사람이 한 명도 보이지 않았어요.

엄마는 길이 꽁꽁 얼었다며 차의 속도를 줄이고 마치 거북이처럼 운전했어요. 30분 정도 지나자 멀리 비닐하우스가 보였어요. 따스한 불빛이 새어 나오고 있었지요.

비닐하우스 안은 온도를 올려서인지 따뜻했어요. 아네스가 아빠 옆으로 가서 말했어요.

"온도가 떨어지면 저절로 난방을 해 주고, 추우면 시원하게 해 주는 기계가 있으면 좋겠어요. 그러면 농작물이 잘못될까 걱정하지 않아도 되잖아요."

"온도 조절 냉·난방 장치라는 게 있기는 하단다. 그런데 너무 비싸서 대형 비닐하우스 농장에나 설치할 수 있지."

"우리가 직접 만들면 안 되나요?"

"그게 컴퓨터에 프로그램을 만들어 작동하는 거라서 쉽지 않아. 아빠 엄마가 컴퓨터 프로그래머도 아니잖니?"

아네스는 아빠의 설명을 들을수록 안타까움이 더 커졌어요.

필요한 것을 스스로 만들 수 있는 간이 컴퓨터

이탈리아의 마시모 반지 교수는 프로그램을 짜서 모니터에 다양한 이미지를 만들어 내는 것에 관심이 많았어요. 자신의 아이디어를 컴퓨터 프로그램으로 짜서 재미있는 것을 많이 만들 수 있을 것 같았어요. 그리고 언젠가는 누구나 자신이 필요한 것을 스스로 만들어 내는 시대가 올 거라고 생각했지요.

단, 그런 시대가 오려면 컴퓨터를 잘 모르는 사람도 쉽게 프로그램을 만들 수 있어야 했어요. 당시에는 아이디어를 미디어 아트로 만들어 낼 때 컴퓨터 프로그램 언어인 피베이직(PBASIC)을 사용했는데, 이것은 섬세하지 못하다는 한계가 있었어요. 간이 컴퓨터인 베이직 스탬프는 사용하기가 어려웠지요.

마시모 반지는 2012년 이탈리아 이브레아에 있는 미디어 아트 전문 대학원 교수로 부임했어요. 그리고 이용하기에 불편한 피베이직과 베이직 스탬프를 어떻게 개선할까 고민했어요.

'방법을 찾아야 해. 미디어 아트는 새로운 장르가 될 거야. 예술과 과학의 경계를 허물 선두 주자가 될 텐데, 이런 프로그램 언어와 베이직 스탬프로는 성장할 수 없어.'

그러던 어느 날, 친구를 만나러 연구실에 갔어요. 친구가 오기를 기다리다가 모니터 쪽으로 고개를 돌렸는데, 고슴도치가 가시를 사방으로 뻗는 모습이 화면에 나타났어요. 마우스로 클릭했더니 고슴도치가 돌아보며 윙크도 했어요.

마시모 반지는 자리에서 벌떡 일어났어요. 너무 궁금한 나머지 친구가 수업하는 강의실로 당장 달려갔어요. 마침 친구가 강의실에서 나오고 있었어요.

"고슴도치를 어떻게 표현한 거야? 색깔이 너무 잘 표현되어 있어. 지금 우리가 쓰는 프로그래밍 언어로는 불가능하잖아."

"봤어? 2001년에 개발된 프로세싱이라는 프로그래밍 언어로 만든 거야. 그림 그린 것을 그대로 언어로 풀면 프로그래밍 되는 장점이 있더라고. 더군다나 이게 공짜야. 오픈 소스지."

연구실로 다시 돌아온 마시모 반지는 친구가 프로세싱으로 짠 프로그래밍을 살펴봤어요. 친구의 아이디어가 그대로 잘 표현되고 있었어요.

'그래 이거야!'

마시모 반지는 곧바로 프로세싱을 사용하여 작업을 했어요.

그러나 아쉬움이 있었어요.

'베이직 스탬프보다 훨씬 성능이 편리하다면 미디어 아트를 모니터에서만이 아니라 옷에서도, 자동차에서도 구현해 볼 수 있을 텐데. 움직이는 조각품도 더 잘 만들어 낼 수 있을 것 같아. 움직이는 로봇 같은 것 말이야!'

결국 마시모 반지는 누군가가 개발하기를 기다리기보다는

자신이 만들어야겠다고 결심했어요. 연구 논문을 보고 전문가를 찾아다녔지요. 간이 컴퓨터 보드 회로가 단순하면서도 가격을 낮출 수 있도록 여러 방법을 찾아 연구했어요. 다행히 미디어 아트 전문 대학원에서도 마시모 반지 교수가 연구할 수 있도록 프로젝트 비용을 지원해 준 덕택에 연구비 걱정 없이 연구를 진행할 수 있었어요.

하지만 미디어 아트 전문 대학원의 운영비가 부족해지면서 마시모 반지에게도 위기가 닥쳤어요. 학교가 문을 닫아야 할지도 모르는 상황이었기 때문에 연구를 계속하기가 어려웠거든요.

"우리, 이러다가 베이직 스탬프를 대체할 간이 컴퓨터를 못 만드는 거 아니야?"

마시모 반지와 함께 연구하던 사람들이 걱정했어요. 그러나 그는 흔들리지 않았어요. 여기에서 멈추면 미디어 아트의 미래가 사라진다는 생각에 오히려 더 몰두했어요.

드디어 2005년, 마시모 반지는 손안에 들어가는 작은 간이 컴퓨터를 '아두이노'라고 이름 짓고 세상에 공개했어요.

세상에 없던 물건을 만드는 아두이노

마시모 반지는 프로젝트의 성과를 확인하기 위해 학생들에게 회로도만 찍혀 있는 빈 회로 보드를 나눠 준 뒤 직접 아두이노를 만들어 보게 했어요. 학생들은 어렵지 않게 보드를 똑같이 만들었어요.

아두이노의 최대 장점은 컴퓨터 본체의 유에스비(USB)를 꽂는 곳에 꽂아 두면 별도의 장치 없이 프로그램을 바로 입력할 수 있다는 점이에요. 리눅스, 윈도우, 맥 OS 등 어떤 운영 체제에서도 사용할 수 있도록 개발한 덕분에 학생들 사이에서 아두이노에 대한 인기가 높아졌어요.

"마시모, 떼돈 벌겠는데! 아두이노가 인기 폭발이야."

친구의 말에 마시모 반지는 표정이 굳어졌어요.

"모두 공개할 거야."

"어떻게? 돈을 안 받고? 이건 하드웨어잖아. 소프트웨어라면 오픈 소스로 공개하면 될 일이지만 하드웨어 만드는 것을 어떻게 공개한다는 거야?"

"찾아보니까 크리에이티브 커먼즈 라이선스가 가능하더라고."

"상업적 용도가 아니면 무료로 사용할 수 있는 그 권리를 말하는 거야?"

"그래! 회로도와 부품 목록을 홈페이지에 올려놓아서 누구나 아두이노를 가지고 뭔가를 만들 수 있도록 할 거야."

"정말 바보 같군! 무료로 공개하면 사람들이 너한테 고마워할 줄 알아? 아마 널 기억도 못할걸. 하지만 특허를 내면 그걸 사용할 때마다 널 생각할 거야. 돈도 돈이지만 넌 사람들한테 영원히 기억되는 거야. 그런 기회를 버리겠다고?"

"이걸 공개하면 세상에 많은 예술가들이 나올 거야. 꼭 실용적이지 않더라도 자신이 생각하는 것을 직접 만들어 볼 거라고. 멋지지 않아? 그런 사람들이 많아지면 평범한 사람이 인공위성을 만들어 내는 시대가 올지도 몰라!"

결국 마시모 반지는 아두이노를 홈페이지에 공개해서 사람들이 무료로 사용하도록 했어요.

그러나 간혹 마시모 반지를 오해하는 사람들도 있었어요. 하드웨어 엔지니어들은 일반인들이 아두이노로 다양한 제품을 만들게 된다면 자신들이 필요 없어질 거라고 걱정했어요. 아두이노가 자신들의 일자리를 빼앗을 거라고 생각했지요.

기업들도 이러다 다 망하는 것은 아닌가 하는 의심을 했어요. 일반인들이 자동차도 만들고, 휴대폰도 만들고, 청소기도 만들 수 있는 세상을 기업에서 좋아할 리가 없었지요.

마시모 반지는 걱정하는 목소리들을 다 알고 있었지만 무시했어요. 그는 오히려 재미있는 아이디어들이 넘쳐서 공동으로 함께 무언가를 만드는 활기찬 문화가 생길 거라고 생각했지요.

그의 예상은 적중했어요. 아두이노가 유행하자 많은 사람들이 아두이노를 가지고 직접 무언가를 만들어 보기 시작했어요. 세상에 없던 물건들이 세상 밖으로 쏟아져 나왔지요.

1. 아두이노는 무엇일까?

컴퓨터 내부에는 복잡하게 만들어진 메인보드라는 것이 있어요. 이 메인보드에 다양한 장치와 회로가 연결되어 우리가 내린 명령을 수행해요. 아두이노는 메인보드와 다양한 장치들이 합쳐진 간이 컴퓨터예요. 물론 일반 컴퓨터만큼 정교하지는 않아요. 그러나 기본적인 구성과 장치들이 있기 때문에 컴퓨터를 통해 만든 프로그램의 설정을 적용할 수 있어요.

리모컨으로 움직이는 장난감 자동차를 예로 들어 볼까요? 리모컨을 누르면 장난감 자동차는 리모컨에

서 신호를 받아 움직이게 되지요. 이때 자동차 안에 리모컨의 신호를 이해하고 명령을 내리는 장치가 작동하는데, 컴퓨터에서는 메인보드가, 장난감 자동차에서는

아두이노가 그 역할을 한답니다.

2. 창작물 사용 조건을 나타내는 크리에이티브 커먼즈 라이선스

크리에이티브 커먼즈 라이선스(Creative Commons License, CCL)는 미국의 '크리에이티브 커먼즈'라는 비영리 기구가 배포하는 저작물 사전 이용 허락 표시예요. 창작자가 자기의 창작물에 대해 일정한 조건을 지키면 얼마든지 이용해도 좋다고 허락하는 약속 기호이지요. 이 약속 기호에는 '출처를 표시만 한다면 마음대로 쓰세요!', '출처도 표시하고 비영리 목적으로만 사용하세요!' 같은 조건을 담고 있어요.

크리에이티브 커먼즈 라이선스를 붙이는 이유는 수고로움을 덜기 위해서라고 할 수 있어요. 사람들은 약속 기호를 보고 지식 재산권 사용 방법을 알 수 있기 때문에 굳이 일일이 사용 허락을 받을 필요가 없거든요. 예를 들어 글이나 사진, 동영상에 'CC BY'란 표시가 보이면 출처만 밝히고 자유롭게 써도 돼요. '내가 만든 거라는 것과 어디서 가져왔는지만 밝히면 써도 괜찮아!'라는 뜻이에요.

그러면 어떻게 표시하는 걸까요? 자신이 만든 이미지, 동영상, 문서에 CCL 단추를 달면 돼요. 크리에이티브 커먼즈 홈페이지에 있는 라이선스 생성기를 이용하면 만들 수 있어요. 그런데 내가 만든 것이지만 지식 재산권을 전혀 주장하고 싶지 않다면 어떻게 해야 할까요? 그때는 퍼블릭 도메인 표시인 'CC0'로 표시하면 된답니다. 퍼블

릭 도메인이란 저작권이 소멸되었거나 없는 창작물로 누구나 사용할 수 있어요.

CCL 단추 표기와 의미

라이선스	문자 표기	의미
	CC BY	저작자 표시
	CC BY-NC	저작자 표시-비영리
	CC BY-ND	저작자 표시-변경 금지
	CC BY-SA	저작자 표시-동일 조건 변경 허락
	CC BY-NC-SA	저작자 표시-비영리-동일 조건 변경 허락
	CC BY-NC-ND	저작자 표시-비영리-변경 금지

사진 출처
27쪽 ⓒ위키미디어
185쪽 ⓒ위키미디어 / Simonwilmot

세계를 바꾸는
착한 특허 이야기

1판 1쇄 발행일 2020년 6월 16일 1판 2쇄 발행일 2020년 10월 27일
글쓴이 김연희 그린이 성영택, 송영훈 교과과정 자문 한태현 펴낸곳 (주)도서출판 북멘토 펴낸이 김태완
편집 김정숙, 조정우 디자인 안상준 마케팅 최창호, 민지원
출판등록 제6-800호(2006. 6. 13.)
주소 03990 서울시 마포구 월드컵북로 6길 69(연남동 567-11), IK빌딩 3층
전화 02-332-4885 팩스 02-6021-4885 이메일 bookmentorbooks@hanmail.net
인스타그램 https://www.instagram.com/bookmentorbooks__
페이스북 https://facebook.com/bookmentorbooks

ⓒ 김연희, 성영택, 송영훈 2020

ISBN 978-89-6319-364-9 74500
ISBN 978-89-6319-093-8(세트)

※ 잘못된 책은 바꾸어 드립니다.
※ 이 책은 저작권법에 따라 보호를 받는 저작물이므로 무단 전재와 무단 복제를 금합니다.
※ 이 책의 전부 또는 일부를 쓰려면 반드시 저작권자와 출판사의 허락을 받아야 합니다.
※ 책값은 뒤표지에 있습니다.

이 도서의 국립중앙도서관 출판예정도서목록(CIP)은 서지정보유통지원시스템 홈페이지(http://seoji.nl.go.kr)와 국가자료종합목록 구축시스템(http://kolis-net.nl.go.kr)에서 이용하실 수 있습니다. (CIP제어번호 : CIP2020020815)

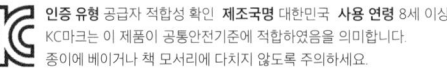

인증 유형 공급자 적합성 확인 제조국명 대한민국 사용 연령 8세 이상
KC마크는 이 제품이 공통안전기준에 적합하였음을 의미합니다.
종이에 베이거나 책 모서리에 다치지 않도록 주의하세요.